Das Buch

Thomas Käfer betreibt ein Pfandleihhaus – ausgerechnet in Deutschlands Wohlstandshochburg München. Während sein Cousin, der Feinkosthändler Michael Käfer, diejenigen bedient, die reichlich Geld haben, kümmert sich Thomas eher um die, die welches brauchen – wobei die Grenzen oft verschwimmen. In seinem Geschäft begegnen ihm viele Leute, die beim Versuch, schnell an Bargeld zu gelangen, auf absurde Ideen kommen. Andere werden durch Schicksalsschläge zu ihm getrieben. Da ist der Schriftsteller, der Käfer einen Stapel beschriebener Blätter überreicht – sein in mühevoller Kleinarbeit verfasster Roman, der garantiert ein Bestseller werde … Eine rassige Stammkundin bringt regelmäßig ihren Schmuck ins Leihhaus – der jedes Mal von einem anderen zahlungskräftigen Herrn ausgelöst wird. Lebende Schlangen, Liebesdramen und Ehekräche, Bankrotteure und Gauner – es gibt kaum etwas, was Käfer in seinem Job noch nicht erlebt hat. Seine mal kuriosen, mal rührenden Geschichten bieten ein abwechslungsreiches Lesevergnügen und sind zugleich ein Plädoyer für ein unterschätztes Kreditwesen, das seriöser ist als das Gebaren der meisten Banken.

Der Autor

Thomas Käfer wurde 1960 in München geboren. Seit 1999 betreibt er dort sein Pfandleihhaus und ist durch TV-Auftritte bekannt. Er ist zu erreichen unter thomaskaefer@t-online.de.

Thomas Käfer

LIEBER KLEINGELD ALS KEIN GELD

Geschichten aus dem Pfandleihhaus

Unter Mitarbeit von Anna Butterbrod

Ullstein

Besuchen Sie uns im Internet:
www.ullstein-taschenbuch.de

Originalausgabe im Ullstein Taschenbuch
1. Auflage September 2011
© Ullstein Buchverlage GmbH, Berlin 2011
Umschlaggestaltung: ZERO Werbeagentur, München
Titelabbildung: © Artwork HildenDesign unter Verwendung von
Motiven von Shutterstock und Photodisc
(Uhr: Bob Ross/shutterstock; Geld: ostromec/shutterstock;
Gartenzwerg: Paul Matthew Photography/shutterstock;
Glasauge: Glenn Mitsui/photodisc; Löffel: photodisc)
Gesetzt aus der Apollo
Satz: Pinkuin Satz und Datentechnik, Berlin
Papier: Pamo Super von Arctic Paper Mochenwangen GmbH
Druck und Bindearbeiten: CPI – Ebner & Spiegel, Ulm
Printed in Germany
ISBN 978-3-548-37382-9

Inhalt

Das schwarze Schaf   7
Seit Jahrtausenden bewährt   13
Adel verpfändet   15
Kunst mir mal was leihen?   30
Wies'n-Wahnsinn   44
Geld ist dicker als Blut   58
Es ist nicht alles echt, was glänzt   72
Essbares und anderes Getier   91
Eine Klasse für sich: die Super-Bluffer   110
Unsere tägliche Eiszeit   125
Urinproben und Heimpornos   140
Nach dem Tod erwacht die Gier   154
Haus der Kultour   169
Zum Ersten, zum Zweiten – streiten!   188
Sie schon wieder?   199
Zum Schluss: ein Wunsch   213

10 Tipps für den Gang ins Pfandhaus   216

Danksagung   218

Das schwarze Schaf

Ich bin mehr, als man auf Anhieb glaubt. Ich bin Wunsch-erfüller, Hassfigur, Supernanny, Tierdompteur, Streit-schlichter und Psychologe. Kurz gesagt: Ich bin Pfand-leiher.

Eigentlich ist meine Aufgabenstellung ganz einfach. Menschen hinterlegen ihre Wertgegenstände bei mir, und ich leihe ihnen im Gegenzug Geld. Aber nur auf dem Papier ist es wirklich so simpel, wie es klingt. Denn in der Realität hat mein Job viel mit Gefühlen zu tun. Und wenn die ins Spiel kommen, gibt es keine Grenzen nach rechts, links, oben oder unten. Vom Wutausbruch über die Tränenflut bis hin zum Fußtritt gegen das Mobiliar – alles ist drin. Meine Angestellten und ich wissen nie, was uns in fünf Minuten oder am nächsten Tag erwartet. Und genau darum ist dieser Beruf so reiz-voll.

Das Geldverleihen an sich, also den rein bürokrati-schen Vorgang, würde ich nicht unbedingt als prickeln-de Angelegenheit bezeichnen. Aber das Drumherum ist oft genug filmreif: Fernsehstars beichten ihre Familien-probleme, eine Baronin schreit mich aus Wut über ihren Exmann an, und Touristen ziehen einfach mal blank. Uns wurden Pipiproben, lebendige Schlangen, Gebisse und sogar ein Reitsattel für Affen als Pfand angeboten.

Von den spannendsten Begegnungen dieser Art erzähle ich Ihnen in diesem Buch.

Aber zunächst einige Worte zu mir, dem schwarzen Schaf der Familie. Diesen heimlichen Titel trage ich nämlich – und das ist völlig in Ordnung. Denn vor gut dreißig Jahren entschied ich mich ganz bewusst für diese Rolle.

In jedem Leben gibt es Schlüsselmomente. Meiner passierte in einem Münchner Feinkostladen. Natürlich nicht in einem x-beliebigen, nein, meine Großeltern Paul und Elsa hatten ihn 1930 eröffnet, und seitdem dreht sich in meinem Clan alles nur um Delikatessen. Das hat sich weiß Gott gelohnt: »Käfer« ist heute die bekannteste deutsche Marke für hochwertige Lebensmittel, Gastronomie und Partyservice.

Als ich zur Schule ging, leiteten mein Vater und mein Onkel das Geschäft. Für mich war vorgesehen, dass ich nach meiner Ausbildung zum Einzelhandelskaufmann dort einsteigen sollte, zusammen mit meinem Cousin Michael – als dritte Gourmet-Generation, sozusagen. Aber darauf hatte ich einfach gar keine Lust.

Das wurde mir an einem Abend im besagten Feinkostladen bewusst. Ich half hinter der Bar aus. Es spielten sich die gleichen Szenen ab wie jeden Tag: Ab 17 Uhr trudelten Immobilienmakler, Rechtsanwälte und Freiberufler ein. Zigarren wurden angezündet, die ersten Flaschen Champagner geköpft. Die Meute erzählte, lachte, und schon bald herrschte wieder einmal eine phänomenale Partystimmung, die mich ins Grübeln brachte.

Ich stellte mir die Frage: Willst du dein Leben hinter oder vor der Theke verbringen?

Mir war klar, dass ich so gut wie kein Privatleben

mehr haben würde, wenn ich mich für die Gastronomie entschied. Mir würde ein Knochenjob in den Schoß
fallen, der sich vor allem nachts und am Wochenende
abspielte. Für jemanden wie mich, der seine Freizeit aus-
gesprochen genießt, war das unvorstellbar!

Der zweite Grund, aus dem ich schließlich dem Fa-
milien-Imperium den Rücken kehrte, war mein Cousin
Michael. Denn obwohl ich ihn sehr schätze: Das mit uns
als Business-Team hätte niemals hingehauen. Er ist ein
großartiger Geschäftsmann, aber eben auch ein Work-
aholic, der den Sinn seines Lebens im Erfolg seiner Firma
sieht. Seinen ersten Termin hat er um neun Uhr morgens,
und wenn er Glück hat, kommt er nachts um eins ins
Bett. Selbst sonntagvormittags stehen Geschäftspartner
bei ihm auf der Matte.

Ich dagegen arbeite auch heute noch lieber deutlich
weniger, allerdings nicht weniger effizient. Vor meinem
geistigen Auge lief damals eine Zukunftsvision ab: Ich sah
mich am Freitagnachmittag im Cabrio Richtung Garda-
see brausen, mein Haar flattert im Wind, aus den Boxen
dröhnt Bruce Springsteens *Born In The USA*. Plötzlich
klingelt mein Handy und Michael ist dran. »Wo bist
du?«, schimpft er. »Hast du die Party vergessen, die wir
heute Abend ausrichten müssen? Und was ist mit dem
Event morgen und dem am Sonntag?« Allein der Gedan-
ke an solche immer wiederkehrenden Szenen ließ meine
Nerven stärker flattern als der imaginäre Fahrtwind mein
Haar.

So entschied ich mich dafür, nicht ins Familiengeschäft
einzusteigen. Meine Verwandtschaft war natürlich nicht
begeistert. Bei uns ist das seit jeher so: Solange du dich
für die Firma einsetzt, hast du volle Unterstützung. Aber

wenn du etwas anderes machst, musst du sehen, wo du bleibst. Also war mir klar, dass ich ab sofort ein Einzelkämpfer sein würde.

Und zwar einer, der beruflich vieles ausprobierte: Ich machte ein Bistro auf, handelte eine Zeitlang mit Kunstgegenständen und eröffnete schließlich 1988 als 28-Jähriger mein erstes von vier Schmuckgeschäften in München. Es lief bombig, bis Ende der 90er die Wirtschaft in der Krise steckte. Goldschmuck und teure Uhren waren plötzlich nicht mehr gefragt, und genauso wie viele meiner Kollegen musste ich eine Filiale nach der anderen schließen, bis nur noch eine übrig war. In der saß ich missmutig am Schreibtisch und starrte zum Fenster hinaus.

Da ereilte mich Schlüsselerlebnis Nummer zwei: Denn während sich täglich nur eine Handvoll Passanten in mein Geschäft verirrten, war auf der anderen Straßenseite geradezu die Hölle los. Rein, raus, rein, raus – beim gegenüberliegenden Pfandleihhaus gaben sich die Leute die Klinke in die Hand. Eines Tages zählte ich spaßeshalber mit. Als ich bei Kunde Nr. 98 angekommen war, dämmerte es mir: Vielleicht lag ja in dieser Branche meine Zukunft.

Darauf hätte ich eigentlich schon früher kommen können. Ich kaufte nämlich schon damals Schmuck von Privatkunden an. Viele von ihnen hatten mich sogar bereits gefragt, ob ich ihre Ketten oder Ringe nicht auch leihweise annehmen würde – gegen Geld, versteht sich.

1999 machte ich Nägel mit Köpfen und eröffnete mein eigenes Pfandleihhaus, direkt gegenüber dem Münchner Hauptbahnhof.

20 Stufen führen in die Geschäftsräume im ersten

Stock hinauf, wo wir unsere Kunden an einem Tresen empfangen. Aus Sicherheitsgründen trennt uns eine bis zur Decke reichende Panzerglasscheibe. Beim Geschäft mit Geld kochen die Emotionen schnell mal hoch, und da möchte ich kein Risiko eingehen.

Der Kundenraum ist hell und schlicht. Neben einer einfachen Holzbank (zu gemütlich sollen es sich die Besucher ja auch nicht machen) steht an der linken Wand eine Glasvitrine mit Schmuck, den ich verkaufe, weil ihn seine Besitzer nicht abgeholt haben und er auch bei der späteren Versteigerung nicht weg ging. Rechter Hand befindet sich eine schwere, von außen nicht zu öffnende Panzertür. Der Gang dahinter führt in die Lagerräume und zu meinem Büro, das links hinterm Tresen liegt. Auch, wenn ich dort am Schreibtisch arbeite, statt vorne zu bedienen, kann ich bei leicht geöffneter Tür genau hören, was draußen vor sich geht – und bei Fragen oder Problemen sofort eingreifen.

Natürlich musste ich als Neuling erst mal lernen, wie dieses Geschäft wirklich funktioniert. Und wie man mit Hilfe von Banken oder privaten Investoren an zusätzliche Mittel gelangt. Denn die Kunden rannten mir zwar von Anfang an die Bude ein, das Problem war nur, dass ich finanziell in Vorleistung gehen musste: Ab Tag eins zahlte ich Kredite aus, hatte aber zunächst null Einnahmen!

Die ersten vier Jahre waren sehr, sehr hart. Ich musste wirklich kämpfen – bis endlich der Punkt kam, an dem ich schwarze Zahlen schrieb. Heute lebe ich sehr gut davon und bin stolz darauf, mich in einer Branche hochgearbeitet zu haben, von der ich anfangs überhaupt keine Ahnung hatte. Ich habe dieses Geschäft mit viel

Durchsetzungs- und Durchhaltevermögen aufgebaut und auch in den haarigsten Situationen immer einen Ausweg gefunden. Wenn das nicht stark macht, was dann?

Deswegen sind mir auch die Vorurteile egal, die viele Menschen haben: »Pfandleiher sind Abzocker! Die sind schmuddelig und unseriös!« All das habe ich schon gehört, und zwar nicht nur einmal. Selbst mein Cousin scheut sich davor, öffentlich mit mir in Verbindung gebracht zu werden. Weil er Angst hat, seinem Ruf als Feinkost-Guru zu schaden.

Nun ja, ganz egal sind mir diese Klischees natürlich nicht. Denn sie sind totaler Quatsch! Bei uns Pfandleihern geht's zu wie in jedem anderen Dienstleistungsunternehmen auch. Pfandhäuser unterliegen strengsten staatlichen Auflagen und werden genau überwacht. Während Banken scheinbar so viele Zinsen und Gebühren verlangen können, wie sie wollen, müssen wir uns seit Jahrzehnten an einen durch die deutsche Pfandleihverordnung festgelegten Satz halten. Eins steht jedenfalls fest: Ein Pfandkredit hat noch nie Existenzen vernichtet. Banken dagegen haben nicht nur einzelne Kunden, sondern schon ganze Firmen und Länder ruiniert.

Aber was soll's. Mein Cousin bedient die oberen Zehntausend, ich dafür die unteren Hunderttausend. Und da, wo die sind, findet das echte Leben statt. Mit all seinen Problemen, Peinlichkeiten und Glücksmomenten. Ich bin mittendrin und könnte es mir auch nicht mehr anders vorstellen. Blättern Sie um – dann nehme ich Sie mit dahin!

Seit Jahrtausenden bewährt

Wenn Pfandleiher unter sich sind, behaupten sie gerne, ihr Gewerbe sei das älteste der Welt. Schließlich habe es die Liebe gegen Geld – das vermeintlich älteste Gewerbe der Welt – erst möglich gemacht …

Beweise dafür gibt es zwar nicht, Tatsache ist aber, dass die Bewohner Babylons schon vor über 3000 Jahren ihre Schätze versetzten, genau wie die Griechen und die Römer der Antike. Im Mittelalter waren deutsche Leihhäuser fest in der Hand von Franziskanermönchen. Zu Beginn des 20. Jahrhunderts hatte dann jede Großstadt eine kommunale Einrichtung dieser Art. Heute sind nur noch vier davon übrig. Die restlichen 200 Pfandleiher der Bundesrepublik arbeiten auf eigene Rechnung.

Das System ist einfach: Die Pfandleiher schätzen die Gegenstände, die ihnen gebracht werden, und zahlen den Eigentümern zwischen fünfzig und 80 Prozent des aktuellen Wiederverkaufswertes aus. Die Kunden müssen für diesen schnellen Kredit nur ihren Personalausweis vorzeigen, weitere Informationen oder Sicherheiten sind nicht nötig.

1961 wurden die monatlichen Kosten eines solchen Pfandvertrags im Rahmen der Pfandleiherverordnung gesetzlich festgelegt: Der Eigentümer zahlt ein Prozent Zinsen plus eine Gebühr für fachgerechte Lagerung und

Versicherung des Pfandes bzw. der Pfänder. Die Gebühr richtet sich nach der Höhe des Darlehens. Wer zum Beispiel seine Uhr mit 100 Euro beleihen lässt, muss pro Monat mit 1 Euro Zinsen und 2,50 Euro Gebühr rechnen.

Ein Pfandvertrag läuft üblicherweise über drei Monate, darf aber beliebig oft verlängert werden. Alle drei Monate muss der Kunde allerdings die angefallenen Zinsen und Gebühren begleichen. Als besonderen Service erinnern wir unsere Kunden etwa drei Wochen vor der gesetzlich vorgeschriebenen Verwertung mit einem Brief an die letzte Möglichkeit, ihr Eigentum abzuholen oder zu verlängern.

Anders als bei einer Bank können Pfandhauskunden keine Schulden machen. Holen sie ihren Wertgegenstand nicht ab, muss der Pfandleiher ihn öffentlich versteigern. Wird dabei ein Überschuss erzielt, steht dieser dem Eigentümer zu. Dieser hat dann zwei Jahre Zeit, das Geld abzuholen. Macht er das nicht, erhält der Staat diese überschüssige Summe. Dem Pfandleiher stehen nur der von ihm gewährte Kredit, die angefallenen Zinsen und Gebühren sowie die Auslagenerstattung für die Versteigerung des Pfandes zu.

Über eine Million Deutsche gehen jedes Jahr ins Leihhaus und schließen dabei meist doppelt so viele Kredite ab. 2009 kam auf diese Weise eine Darlehenssumme von 530 Millionen Euro zusammen. Die Zukunftsprognose: stetig steigend. Damit läppern sich auch die Geschichten, die sich rund um diese Kleinstkredite ereignen – und mitten aus dem Leben stammen.

Adel verpfändet

Ja mei, ich erzähl halt gern. Schon meine Oma sagte immer: »Der Bua is ned aufs Maul g'falln.« Aber wenn es drauf ankommt, kann ich schweigen wie ein Grab – eine wichtige Voraussetzung für meinen Job, denn Diskretion spielt dabei eine erfolgsentscheidende Rolle. In gewisser Hinsicht ist ein Pfandleihhaus nämlich wie ein Bordell: Millionen gehen hin, aber erfahren soll es möglichst keiner.

Dass mein Geschäft brummt, liegt unter anderem sicher daran, dass ich im richtigen Moment Stillschweigen bewahre. Meine Kundenkartei ist wie Fort Knox, da geht niemals ein Name raus – auch wenn er noch so berühmt ist.

In München hat sich das herumgesprochen, besonders in den feineren Kreisen. Erst kürzlich tippte mir in der Opernpause ein Fremder mit edlem Smoking und Lapislazuli-Siegelring auf die Schulter: »Sie sind doch Herr Käfer, oder? Ich würde gerne mit Ihnen über ein Geschäft sprechen ...«

Prinzen, Baroninnen und Grafen deponieren ihre Schätze bei mir, wobei natürlich die wahren »Kronjuwelen« meist schon weg sind, wenn die durchlauchten Kunden auf meine Matte treten. Nach Aktienverlust oder ruinösen Renovierungsarbeiten am familieneigenen

Schloss ist der Besuch beim Pfandleiher für gewöhnlich erst der zweite oder dritte Schritt. Die Adligen halten es meist wie Gloria von Thurn und Taxis, die 1992 Tafelsilber und Schlossmobiliar für einen zweistelligen Millionenbetrag versteigern ließ. Erst wenn solche Kostbarkeiten unterm Hammer gelandet sind und die Herrschaften dann noch eine schnelle Finanzspritze benötigen, bin ich die nächste Anlaufstation, bei der dann funkelnde Colliers, Uhren oder Gemälde gegen Bares deponiert werden.

Vielen Blaublütlern sieht man es nicht an, wie schlecht sie finanziell dastehen. Sie tragen mit der größten Selbstverständlichkeit ihre knitterfreien Burberry-Trenchcoats, Gucci-Slipper und unverwüstlichen Föhnfrisuren. Die Luxus-Scharade nach außen hin ist perfekt – und so soll es auch bleiben. Daher grüße ich diese Kunden auch nie zuerst, wenn ich sie zufällig in der Öffentlichkeit treffe. Egal ob im Restaurant, bei einer Vernissage oder dem Theaterbesuch: Ich warte immer zuerst auf ein Zeichen meiner Kunden. Nicken sie mir wohlwollend zu, antworte ich mit einem freundlichen »Servus«. Tun sie allerdings so, als sei ich Luft, mache ich es ihnen nach. Das gehört zum Job. Schließlich will ich meine Klienten nicht vor Freunden, Verwandten oder Geschäftspartnern bloßstellen. Ihr kleines Leihhaus-Geheimnis bleibt unter uns – Ehrenwort!

Vor Jahren besuchte mich einmal eine Reporterin einer großen deutschen Tageszeitung – ein hübsches, sehr charmantes Ding. Nachdem ich ihr die Pfandgaben in unseren proppenvollen Regalen gezeigt hatte, wollte sie wissen:

»Kommen auch Promis zu Ihnen?«

Ich konterte wahrheitsgemäß: »Prominente gibt's hier reichlich.«

»Namen bitte, Namen!«, forderte sie ganz aufgeregt.

»Die kriegen Sie leider nicht von mir, meine Dame.«

Sie ließ nicht locker und bot mir einen Batzen Geld an für einen kurzen Blick in den Büro-Computer oder ein paar zugeflüsterte Adelsnamen. Doch ich lehnte lächelnd ab. Indiskretion würde mich teuer zu stehen kommen, das wusste ich. Über die Identität meiner Kunden verrate ich nur so viel: Gestern noch in der *Bunten*, heute schon in meinem Laden! Es kommen Leute zu mir, von denen ich nie gedacht hätte, sie einmal bei mir begrüßen zu dürfen. Aber ein beeindruckender Titel schützt eben nicht vor Geldproblemen, das sehe ich immer wieder.

Natürlich gibt es verschiedene Kategorien: Da sind die jungen Adelserben, denen die Großtante gerade Rubinringe oder chinesische Vasen hinterlassen hat. Die denken sich: »Was soll ich mit dem alten Glump? Ich brauch einen Porsche, und zwar jetzt!« Und so landen sie mit von Generation zu Generation weitergegebenen Raritäten bei mir, die sie allerdings größtenteils nach wenigen Monaten wieder auslösen.

Dann gibt es die Verarmten, die ihr Schloss nur noch auf dem Foto besitzen. Eine ältere Dame mit dunkelblauem Chanel-Kostüm, das an den Ellenbogen schon leicht abgewetzt war, schob mir das Bild ihres früheren Zuhauses über den Tresen: ein zartgelber Palast mit Türmchen und See, der selbst das Herz von König Ludwig II. hätte höher schlagen lassen. Einen Diamantring mit Einkaräter ließ die Dame an dem Tag da. Als sie mir zur Registrierung ihren Personalausweis gab und ich ihren Nachnamen las, blieb mir die Spucke weg. Ich schaute vom Passbild noch einmal zum echten Konterfei: Es stimmte! Diese Frau hatte ich früher oft in Hochglanzmagazinen gesehen. Da trug sie allerdings immer das berühmte »Doppel-Sch«: viel Schminke und viel, viel Schmuck. Heute stand sie juwelenfrei vor mir, ihr Gesicht rettichblass. »Ja, ich habe schon bessere Zeiten erlebt«, sagte die »Frau von« auf meinen überraschten Blick hin. Wenigstens konnte ich ihr im Tausch für den Ring mit ein paar tausend Euro aushelfen.

Peinlicher wird es, wenn das einzig Wertvolle, das die »Hoheiten« noch besitzen, ihr Titel ist. Denn den können wir leider nicht beleihen. Ich habe einigen schon vorgeschlagen, doch einfach ihren Adelsnamen zu verkaufen; Konsul Weyer hat als Titelhändler schließlich ein Vermögen gemacht. Der Großteil meiner royalen Gesprächspartner aber fand diese Idee gar nicht lustig. Im Gegenteil, sie wurden sogar richtig kiebig. Seit Frédéric von Anhalt einen Puff-Besitzer adoptiert hat, läuft das Geschäft mit den Titeln ohnehin nur noch schleppend; die wenigstens wollen ihrem Adelsstammbaum einen solch faulen Ast zumuten. Ich hingegen denke immer: Ein Name macht nicht satt! Wenn sonst schon alles futsch ist, kommt es auf den doch auch nicht mehr an.

Natürlich sollte man immer aufpassen, wen man sich auf diese Weise in die Familie holt. Auch wenn Liebe im Spiel ist, kann es böse enden … Meiner Erfahrung nach sind die Angeheirateten nämlich die schlimmsten Adligen. Im Gegensatz zu ihrer besseren Hälfte, die oft viel zurückhaltender ist, lassen die ehemals Bürgerlichen ihren neuen Titel gerne gnadenlos auf Visitenkarten und Ausweis verewigen: »Von und zu Sonstnochwer« steht dann da – oft ein ellenlanger Sermon, der unserer Pfand-haus-Software regelmäßig Probleme bereitet, weil im Feld für den Nachnamen des Kunden nur 23 Buchstaben Platz haben. Wenn diese Grenze mal wieder überschritten wird, muss ich höflich fragen: »Gnädige Hoheit, auf welchen Titel darf ich denn verzichten?«

Einmal stand mir ein besonderer Vertreter dieser Spezies gegenüber: ein stadtbekannter Hallodri, Gauner und Hochstapler, der es trotz seines zweifelhaften Rufes geschafft hatte, sich eine steinreiche Baronin zu angeln. Mit leuchtenden Augen ließ sich die Dame bei Charity- und anderen Events mit ihrem um etliche Jahre jüngeren Mann ablichten, der mit seinen vierzig Lenzen, das muss ich zugeben, noch ziemlich schnittig aussah.

Allerdings waren die beiden privat eher selten gemeinsam unterwegs. Wenn der feine Herr legendäre In-Lokale wie das Schumann's am Hofgarten betrat, hatte er eine Schar junger Dinger mit langen Beinen und kurzen Röcken im Schlepptau. An seinem Tisch wurde immer groß gezecht, der Champagner floss bis in die frühen Morgenstunden und die Kellner grinsten in Vorfreude auf das stets großzügige Trinkgeld.

Der Kerl wusste sich in Szene zu setzen: Er trug gewöhnlich navyblaue Blazer mit goldenen Knöpfchen, Seidenkrawatten und farblich passenden Einstecktüchern. Seine fedrige Roy-Black-Gedächtnisfrisur saß perfekt, und er sprach mit leiser, vornehmer Stimme. Dieser Mann war adliger als echter Adel! Gebürtige Aristokraten sind ja heutzutage viel lockerer, sie nähern sich geradezu immer mehr dem normalen Menschen an. Nicht so dieser Kerl: Selbst beim Entgegennehmen des Pfandscheins für eine goldene Uhr und ein Diamant-

armband spreizte er den manikürten kleinen Finger
ab …

Nach einigen Jahren schien seine Frau allerdings die
Faxen dicke zu haben von seinen außerehelichen Eska-
paden. Ganz München lachte schon über die gehörnte
Gattin und ihre unfreiwillig offene Beziehung. Die Baronin wollte ihrem Liebsten Einhalt gebieten, indem sie
ihm den Geldhahn zudrehte. Ohne Taschengeld keine
Party, so ihre logische Schlussfolgerung.

Doch statt die Abende von da an mit ihr auf dem heimischen Sofa zu verbringen, kam der Frauenschwarm zu
uns, um sich seine nächtlichen Extravaganzen auch weiterhin leisten zu können. Fünfmal brachte er Schmuck
vorbei, der größtenteils seiner Frau gehörte: Armbänder, Ringe, Ketten. Abgeholt hat er sie nicht. Nach vier
Monaten schickten wir ihm eine schriftliche Mahnung
an seine Adresse im feinen Grünwald, wo er zwischen
Prominenten wie der Familie Sixt oder Senta Berger re-
sidierte. Im Briefkasten der geschätzt drei Millionen
teuren Villa landete unser Standardschreiben für Nicht-
Wiederkommer mit der sinngemäßen Info: »Sie haben
jetzt die letzte Chance, Ihr Eigentum auszulösen oder die
Pfandzeit gegen Zahlung der Gebühren und Zinsen zu
verlängern. Ansonsten wird Ihr Schmuck an folgendem
Datum versteigert …«

Nur wenige Tage später wirbelte ein blond gefärbter,
gelockter Tornado die Stufen ins Pfandleihhaus hinauf.
Es war die mehrfach betrogene Baronin höchstpersön-
lich! Wutschnaubend knallte sie unsere Mahnung auf
den Tresen.

»Wie können Sie es wagen, so etwas an meine Adresse
zu senden?«, wetterte sie. »Der Brief ist für meinen Ex-

mann, und mit dem habe ich nichts, aber auch rein gar nichts mehr zu tun!« Ihr Gesicht hatte die gleiche Farbe wie ihre üppige Korallenkette angenommen. »Er wohnt gar nicht mehr bei mir«, japste sie. Aber ihre Tirade war noch nicht beendet. Die Baronin holte tief Luft und giftete weiter: »Ich werde Sie verklagen – wegen unberechtigter Postzustellung!«

Wie bitte?

Ich stand etwas sprachlos da. »Sie werden noch von meinem Anwalt hören«, zischte die Dame wie eine kampflustige Königskobra. Dann drehte sie sich um und stieg abwärts, wobei sie die Absätze ihrer cremefarbenen Pumps kraftvoll in jede Stufe rammte.

Was für ein irrer Auftritt. Die Frau hatte mich noch nicht einmal zu Wort kommen lassen. Warum war sie überhaupt hier aufgetaucht? Sie hätte den Brief doch einfach wegschmeißen oder sich per Telefon beschweren können, aber nein, sie erschien persönlich und führte einen Tanz auf. Und das, obwohl sie sich für ihren verpfändeten Schmuck überhaupt nicht interessierte. Mit keinem Wort hatte sie darüber gesprochen, ihn auszulösen. All die Diamanten und das Gold waren ihr offenbar völlig schnuppe. Es ging ihr einzig und allein darum, das Ende der Verbindung mit ihrem Exmann in aller Deutlichkeit zum Ausdruck zu bringen – selbst wenn sie sich gegenüber ihr völlig unbekannten Leuten im Ton vergriff.

Als meine eigene Spontanwut verflogen war, tat mir die Baronin einfach nur leid. Was musste sie mit diesem Hallodri alles erlebt haben, um – sicher ganz gegen ihre Natur – öffentlich so aus der Haut zu fahren! Unser Brief war bestimmt nur eine von vielen bösen Erinnerungen an ihn.

Von ihrem Anwalt habe ich übrigens nichts mehr gehört, aber das hatte ich auch nicht anders erwartet. Oder hat schon mal jemand was von einer Verurteilung wegen »unberechtigter Postzustellung« gehört?

Der Schürzenjäger de luxe tauchte auf Nimmerwiedersehen ab und tanzt inzwischen wahrscheinlich auf einem anderen High-Society-Parkett, mit einer anderen alleinstehenden Dame im Arm. Wer in dieser »Branche« arbeitet, ist sicher daran gewöhnt, den Wohnort zu wechseln, wenn es brenzlig wird. Ein angeheirateter Titel ist in so einem Fall natürlich praktisch: Er macht den Neustart in Monaco oder St. Moritz um einiges leichter. Bei dem geschliffenen und gepflegten Auftreten unseres Hallodris zweifelt sicher keiner daran, einen echten Adligen vor sich zu haben. Zumindest während der ersten paar Wochen …

Diese hoheitliche Pöbelattacke war nicht die einzige, die mein Team und ich über uns ergehen lassen mussten. Einmal huschte eine vornehm gekleidete Dame zu uns hinauf, etwa um die fünfzig, mit XXL-Chanel-Sonnenbrille auf der Nase. Ich spürte sofort, dass es ihr erster Besuch in einem Pfandleihhaus war. Wie ein Pfeil schoss die Frau an den Tresen, schaute nach rechts und nach links und plapperte dann los wie ein Maschinengewehr. »Sowashabeichnochniegemacht«, haspelte sie, »dashabeichauchgarnichtnötig«, schob sie gleich hinterher. Der Rest war zu schnell für meine Ohren. Ich verstand nur noch »Notfall« und »schnell Geld«.

Die Frau wollte gerade ihr an einer Goldkette baumelndes Chanel-Täschchen öffnen, da fiel ihr Blick auf eine unserer Überwachungskameras.

»Aaaaaahhh!« Ein gellender Schrei entfuhr ihrer Kehle, der dazu führte, dass eine Mitarbeiterin angsterfüllt zu mir nach vorne gerannt kam.

»Was ist los?«, fragte sie und schaute verschreckt drein.

Bevor ich antworten konnte, schrie unser Neuzugang weiter: »Ich will nicht gefilmt werden!«

»Gnädige Frau, das ist nur eine Überwachungskamera«, versuchte ich sie zu beschwichtigen.

Die Dame drehte sich um die eigene Achse und nahm den Raum vor der Plexiglasscheibe genau unter die Lupe. Mit ihrem spindeldürren Ärmchen fuchtelte sie wild in der Luft herum: »Aber da ist noch eine – und da – und da auch! Ich werde ja von allen Seiten gefilmt! Was machen Sie mit dem Material? Ich will nicht ins Fernsehen!«

»Keine Angst, es ist niemand vom Fernsehen hier. Die Bänder werden alle 24 Stunden automatisch gelöscht. Die Aufnahmen dienen allein Ihrer und unserer Sicherheit.«

»Wenn das nicht stimmt, junger Mann … wenn das nicht stimmt, wird das ein Nachspiel haben«, krächzte die Sonnenbrillenträgerin und wackelte mit dem knochigen rechten Zeigefinger.

Endlich zog sie mit zitterigen Händen ein mit Saphiren verziertes Goldarmband aus der Tasche. Doch schon bei der Aufnahme der Personalien gab es wieder Rabatz.

»Warum wollen Sie meinen Ausweis sehen?«, krakeelte die Kundin.

»Das verlangt das Gesetz.«

»Ich will aber nicht registriert werden.«

»Dann können Sie auch nichts verpfänden.«

Sie presste ihre Lippen fest aufeinander, überlegte

kurz und gab dann nach. »Na gut«, sagte sie und überreichte mir ihren Personalausweis. Nun wurde mir einiges klar: Dem Namen nach zu urteilen, schwammen die Verwandten der Dame seit Generationen im Geld. Eine finanzielle Ebbe hatte es dort noch nie gegeben. Unsere Neukundin war die erste in der Familie, die nun Trockenübungen machen musste.

Es blieb nicht bei einer. Das hatte auch sein Gutes: Ihre Nervosität legte sich von Besuch zu Besuch. Und wenn ich sie heute mit »Achtung, Kamera!« begrüße, müssen wir beide herzlich lachen. Inzwischen zerreißt sie auch nicht mehr die Pfandscheine, sobald sie das Gebäude verlassen hat, so wie es viele meiner ehemals betuchten Kunden tun – aus Angst, dass ein Angehöriger das verräterische Stück Papier durch Zufall in einer Hand- oder Hosentasche entdeckt. Nachher schwören sie mir dann, den Pfandschein »verloren« zu haben, und erhalten nach einer Ausweiskontrolle von mir ein Ersatzdokument. Diesen Satz habe ich schon zu oft gehört, um ihn noch zu glauben.

Natürlich gibt es auch Adels-Notfälle, bei denen mir alles andere als zum Lachen zumute ist. Wie an einem Freitag vor etwa acht Jahren. Morgens um zehn klingelte das Pfandhaus-Telefon. »Guten Tag, Herr Käfer«, sagte eine männliche Stimme, »machen Sie auch Hausbesuche?«

Eigentlich nicht, ich bin doch kein Arzt! Aber diese Angelegenheit wurde zur berühmten Ausnahme.

Der Kerl am anderen Ende erklärte mir, dass es sich um eine Haushaltsauflösung im Herzogpark handelte, einem der reichsten Stadtteile Münchens. »Die Besitzer brauchen dringend Geld und sind bereit, sich für eine gewisse Zeit von wertvollen Raritäten zu trennen. Wir haben hier zum Beispiel eine echte Biedermeier-Kommode vom Anfang des 19. Jahrhunderts.«

Die könnte Zigtausende wert sein, ging es mir durch den Kopf. Dazu noch ein paar andere Antiquitäten – ein verlockender Deal. Meine Neugierde war geweckt, und ich willigte ein: »In Ordnung. Ich komme nächste Woche vorbei.«

»Nächste Woche?« Mein Gesprächspartner wurde nervös. »Das ist zu spät! Es geht nur heute! Die Umzugswagen stehen schon vor der Tür.«

Das wurde ja immer kurioser! Aber die Aussicht auf ein paar außergewöhnliche Teile hielt mich bei der Stange. »O. k., ich bin in einer halben Stunde da.«

Da meine Schwester Restauratorin ist, nahm ich sie als Verstärkung mit. Ich selber kann nämlich gerade mal Mahagoni von einer Pressspanplatte unterscheiden. Wir fuhren mit dem Auto zur genannten Adresse – und waren bei der Ankunft völlig baff! Ein schmiedeeisernes Tor stand weit offen, dahinter knirschte mein Wagen über feinsten Kies. In der Auffahrt der Villa standen mehrere Umzugslaster, die von schwitzenden Männern beladen wurden. Vier von ihnen wuchteten gerade einen schwarzen Flügel auf die Laderampe, ein anderer hatte ein Gemälde unterm Arm.

»Sie müssen Herr Käfer sein«, begrüßte mich ein Kerl in Jeans und Ralph-Lauren-Hemd, der höchstens Mitte zwanzig sein konnte. »Die Sachen hier gehen alle zur Versteigerung weg«, sagte er und zeigte auf die kostspielige Fracht der emsigen Packer.

»Die Möbel, die für Sie gedacht sind, stehen dort drüben.«

Wieso hatte dieser Milchbubi hier alle Fäden in der Hand? Wer war der Typ?

Meine Schwester und ich folgten ihm zur offenen Doppelgarage. Sie war voller Kisten mit Bilderrahmen, Lampen, Stühlen und Kleinkram.

»Ah, da ist sie ja!«, rief meine Schwester und huschte entzückt nach hinten rechts. Sie hatte die Biedermeier-Kommode entdeckt.

»Ein ganz besonderes Stück«, verkündete eine tiefe Stimme hinter uns. Ein alter Mann, geschätzte 70, näherte sich auf einen Gehstock gestützt. »Die ist mein Schatz«, ergänzte er noch und rückte sich die randlose Brille zurecht.

»Aber ein hilfsbedürftiger Schatz«, erklärte meine Schwester. Sie fuhr mit den Fingern über den abgeplatzten Lack und deutete auf den Karton neben der schubladenlosen Kommode, in der hölzerne Einzelteile wahllos übereinandergestapelt waren. »Die müsste erst mal restauriert werden, bevor sie wirklich was wert ist.«

»Das war immer mein großer Traum«, meinte der Weißhaarige. Hilflos sah er aus, mit seinen traurigen Augen und der unordentlichen grauen Mähne. »Ich würde die Kommode so gerne einmal ganz intakt sehen. Aber das wird jetzt wohl nie passieren.«

»Ach, Papa«, mischte sich der Jungspund wieder ein, »hör bitte auf mit dem Gejammer. Geh lieber rein zu Mama.«

Dann richtete er sich wieder an mich: »Und? Wollen Sie die Kommode?«

In diesem Moment machte ich die zweite Ausnahme an diesem Tag. Normalerweise hätte ich dieses ramponierte Möbelstück nie als Pfand angenommen. Aber der

Senior tat mir leid. Ich wollte seine Kommode vor einem schlimmeren Schicksal bewahren.

Das Söhnchen nannte einen Preis, und ich willigte ein, die Hälfte zu zahlen. Per Handschlag waren wir im Geschäft.

»Den Pfandschein müssen Ihnen aber meine Eltern ausfüllen«, teilte er mir mit. »Schließlich gehört ihnen ja der ganze Kram hier.«

»Warum ziehen sie eigentlich um?«, fragte ich.

»Ach, Sie wissen doch: Wie gewonnen, so zerronnen. Meine Eltern hatten eben Pech in letzter Zeit. Mein Bruder und ich haben eine nette Wohnung für sie gefunden.«

Diese »nette Wohnung« bekamen meine Schwester und ich dann später auch noch zu sehen. Denn um den Pfandschein auszustellen, brauchten wir den Ausweis des Besitzers, der bereits in seinem neuen Domizil wohnte – im achten Stock eines Hochhauses am Rande der Stadt. Zwei Zimmer, PVC-Boden, Kochnische.

»Sie müssen aber eine ganze Menge Pech gehabt haben«, sagte ich zu dem Kommodenbesitzer, der neben seiner Frau auf dem weißen Ledersofa Platz genommen hatte – eines der wenigen Relikte aus ihrem alten, 240-Quadratmeter-Zuhause. »Was um Himmels willen ist denn passiert?«

Die zwei schauten sich an, er drückte fest ihre Hand, und schon flossen bei beiden Tränen. »Wir wollten doch nur das Beste für unsere Kinder«, schluchzte die ältere Dame, deren Name laut Ausweis auch ein »von und zu« enthielt. »Aber sie wohl nicht für uns …«

Die fürsorglichen Eltern hatten das Geld keineswegs selber durchgebracht. Nein, ihre Söhne, beide Anfang zwanzig, hatten an der Börse hoch gepokert – und verloren. Dann war hier noch ein Projekt schiefgelaufen, dort ein Geschäft geplatzt, und irgendwann geriet die ganze Familie in den roten Bereich. »Wir haben einige Bürgschaften unterschrieben und mussten schließlich den Kopf hinhalten.« Der Vater seufzte. Die Villa, der Jaguar, Aktien – alles weg. Von nun an würden die beiden Alten den Rest ihres Lebens in diesem Wohnsilo verbringen. Es war traurig, sie so verloren dort sitzen zu sehen.

»Aber immerhin ist Ihre Kommode bei uns in Sicherheit«, beteuerte ich. »Vielleicht schaffen Sie es ja doch noch, sie zu restaurieren.« Als ich dem Mann den Pfandschein übergab, legte er mir die Hand auf die Schulter. »Danke«, brachte er hervor und blickte mich mit einem warmen Lächeln an.

»Denken Sie dran – in vier Monaten läuft der Pfandvertrag aus«, erinnerte ich die zwei, bevor ich die Wohnungstür hinter mir schloss und in den muffigen Aufzug stieg.

Doch sosehr ich auch darauf hoffte – der Besitzer der Kommode tauchte nicht mehr bei uns im Pfandhaus auf.

Das gute Stück wurde schließlich von einem Schreiner aus Landshut ersteigert. »Tun Sie mir einen Gefallen«, bat ich ihn, »schicken Sie mir doch bitte ein Foto, wenn Sie die Kommode restauriert haben.«

Und in der Tat: Acht Monate später hatte ich es im Briefkasten. Die Kommode sah nun wirklich beeindruckend aus! Ihr honigfarbenes Holz glänzte dank einer neuen Lackierung, die Füße saßen fest, genau wie die Messinggriffe und die drei bauchigen Schubladen. Ein Schmuckstück.

Ich schickte das Foto mit einer kleinen Notiz an die Hochhausadresse: »Schauen Sie: Ihr Traum hat sich jetzt doch erfüllt!« Zwei Tage später kam der Umschlag unge-öffnet zurück – mit einem Stempel darauf: »Unbekannt verzogen«.

Kunst mir mal was leihen?

Ich beneide Künstler schrecklich um ihren felsenfesten Glauben an sich selbst. Könnte man den in Gold aufwiegen, wären sie allesamt steinreich. Leider gibt es so was nur im Märchen. Das echte Leben funktioniert ganz anders: Vom Glauben allein wird da nämlich keiner satt. Darum tauchen bei uns im Pfandleihhaus immer wieder Maler auf, die noch nie eines ihrer Werke verkauft haben; Bildhauer, deren Skulpturen nur in der eigenen Wohnung stehen, Schauspieler, die auf eine Rolle warten – manchmal jahrelang. Sie alle hoffen auf den großen Durchbruch, den allerdings nur ein verschwindend geringer Bruchteil dieser kreativen Spezies wirklich erleben darf.

Zu diesem Bruchteil gehörte der junge Kerl, der schon kurz nachdem ich das Pfandleihhaus eröffnet hatte, vor mir stand: Anfang zwanzig, schlaksig, dunkelblonder Bürstenschnitt, Dreitagebart und olivgrüne Augen, mit denen er mich freundlich fixierte, während er eine Rolex Submariner über den Tresen schob. Bevor er den ersten Satz von sich gab, zog er sich erst mal betont lässig mit ausladender Geste die Schlabberjeans hoch, eines dieser Volle-Hose-Modelle, deren Bund fast bis zu den Kniekehlen herunterhängt.

»Was kann ich dafür kriegen?«, fragte er forsch.

Ich schaute mir seine Uhr genau an: älteres Exemplar, Armband aus Stahl und 18-karätigem Gold, das Kristallglas über dem nachtblauen Zifferblatt unbeschädigt. Nach kurzem Kalkulieren stand mein Angebot: »2000 Mark.«

Die vorher so ernste Miene des Jünglings, der beim Gros der Weiblichkeit meiner Einschätzung nach schon damals gut angekommen sein dürfte, hellte sich auf. Sichtlich erleichtert atmete er mit dick geblähten Backen aus.

»Perfekt! Damit halte ich mich locker drei Monate über Wasser. Und dann ist sowieso die nächste Gage fällig.«

»Sie sind Künstler?«

»Ich bin Schauspieler.« Dann machte er eine theatralische Pause. »Und ich werde mal berühmt!«

Ich konnte mir ein Grinsen nicht verkneifen. Träumer wie ihn kannte ich schon zur Genüge. Sie denken, die Welt steht ihnen offen und alles ist ganz easy zu erreichen, wenn man es nur will. Leider wachen die meisten von ihnen irgendwann unsanft auf.

»Sie glauben mir nicht«, stellte er fest und kniff die Augen zusammen.

»Ach, wissen Sie …«, begann ich.

»Nee, ist klar«, fiel er mir ins Wort. »Na, Sie werden schon sehen!«

Und wie ich (ihn) sah: Ein paar Jahre später saß ich eines Abends gemütlich auf dem Sofa und verfolgte über den Rand der *Süddeutschen Zeitung* hinweg mehr oder minder einen Spielfilm. Erst als einer der Hauptdarsteller auf dem Bildschirm erschien, war ich mit einem Schlag hochkonzentriert: Diese grünen Augen kannte ich doch! Die blonden Haare, der Dreitagebart – das war mein Rolex-Mann!

Die Uhr hatte er nie wieder abgeholt. Und wie es aussah, benötigte er jetzt auch keine Kredite mehr. Zumal unser zufälliges, wenn auch einseitiges Wiedersehen nicht das letzte seiner Art blieb: Von da an tauchte er immer öfter im Fernsehen oder auf Kinoplakaten auf. Heute ist mein Kunde von damals preisgekrönt und hat sogar in Hollywood Erfolg. Und ich denke nur: Da schau her, der Quatschkerl hat wirklich recht behalten. Respekt!

Natürlich gibt es auch weniger erfreuliche Fälle: Eines Tages stand ein Schauspieler vorm Tresen, der damals ebenfalls gut im Geschäft war. Ich erkannte ihn sofort: Er war kein A-Promi wie Adorf oder Lauterbach, weshalb mir sein Name auch partout nicht einfiel, aber sein Gesicht war mir vertraut wie das eines guten Bekannten, weil er in vielen TV-Serien als Nebenrollenheld auftauchte. Meist mimte er die taffen Machos, die, die alle Probleme mit nur einem Faustschlag zu Staub zerbröseln.

Aber wie so oft hatte auch hier das wirkliche Ich mit der Bildschirm-Power so viel gemein wie ein Zirkonia mit einem fein geschliffenen Diamanten. Als der Mann live vor mir stand, waren seine Haare strähnig und nur mit den Fingern angekämmt; unter den Augen lagen tiefe Schatten.

»Bitte helfen Sie mir«, lautete seine Begrüßung statt eines »Guten Tag«, mit abgekämpfter, matter Stimme, die ich so nicht aus dem Fernsehen kannte.

»Mein Sohn ist ein Kunde von Ihnen«, fuhr er fort und hielt mir mehrere Pfandscheine hin. Ein Blick nach links und nach rechts, dann folgte im Flüsterton: »Er hat große Probleme. Ich weiß, ich kann Ihnen nichts vorschreiben. Aber ich bitte Sie: Nehmen Sie nichts mehr von ihm an!« Er krallte sich mit beiden Händen am Tresen fest und schaute mich flehend an.

»Also, eigentlich darf bei uns natürlich jeder erwachsene Mensch Kunde werden …«, setzte ich an.

»Ich würde Ihnen meine Situation gerne unter vier Augen erklären, wenn das möglich ist.«

»Warten Sie.«

Weil der Mann mir wirklich leidtat, ging ich links durch den Lagerraum, vorbei an Regalen voller sorgsam verpackter Laptops, Handys und Playstations zur dahinterliegenden Tür, die in den Kundenraum führt. Ich öffnete sie und machte eine einladende Handbewegung: »Kommen Sie doch bitte in mein Büro.«

Sobald sich meine Bürotür hinter ihm geschlossen hatte, sackte der sorgenvolle Vater samt knittrigem Trenchcoat kraftlos in einem der vier schwarzen Freischwinger um den runden Glastisch zusammen.

»Danke, dass Sie sich die Zeit nehmen«, stieß er hervor.

»Dann erzählen Sie mal. Was ist denn los?«

»Ich will gar nicht lange um den heißen Brei herumreden: Mein Sohn ist drogenabhängig. Seit ich ihm kein Geld mehr für sein kostspieliges Hobby gebe, holt er es sich bei Ihnen.«

Davon hatte ich natürlich nicht die geringste Ahnung gehabt. Ich schaute kurz in die Kundenkartei. Tatsächlich, da war er, der Sohnemann: zwanzig Jahre alt, vor sechs Monaten mit dem ersten Pfand bei uns gewesen. Wir bewahrten inzwischen eine Menge seiner Besitztümer auf: eine E-Gitarre, ein Apple-Notebook, eine Bose-Anlage, eine Tag-Heuer-Armbanduhr und, und, und … Über 5000 Euro hatte ich ihm für alles ausgezahlt. Dass der Bursche die Scheine gleich zum Dealer seines Vertrauens trug, konnte ich nicht ahnen.

Denn a) frage ich meine Kunden niemals, wofür sie das Geld brauchen. Das geht mich nämlich schlichtweg nichts an. Und b) wirkte der junge Mann nicht gerade wie ein Junkie. Frisch und munter sehen die jungen Leute, die sich die Nächte um die Ohren schlagen, doch alle nicht aus. In meiner Jugend war irgendwann in der Nacht Zapfenstreich und danach tote Hose. Heute hat jeder Club bis frühmorgens auf, danach gibt's oft noch woanders die After Hour, bei der dann gerne bis mittags weitergefeiert wird … Wenn also ein Mitglied dieser Party-Generation nicht gerade mit einem Kokain-Tütchen in der Hand in mein Leihhaus tigert, kann ich unmöglich erkennen, ob derjenige ein Drogenproblem hat oder einfach nur übernächtigt ist.

Der bedrückte Mann mir gegenüber fuhr fort: »Mein Sohn richtet sich zugrunde, und ich sehe hilflos dabei zu. Irgendwie muss ich doch eingreifen. Sonst werde ich wahnsinnig.«

Obwohl ich selber keine Kinder habe, konnte ich mich leider nur zu gut in ihn hineinversetzen. Ich habe nämlich hautnah die Drogenkarriere eines alten Schulfreundes miterlebt. Es ist herzzerreißend, wenn man weiß, was sich da für Szenen abspielen. Und dass es in vielen Fällen keine Lösung gibt.

»Sie meinen also, es hilft, wenn wir kein Pfand mehr von Ihrem Sohn annehmen?«, fragte ich.

»Würden Sie das wirklich tun? Ich hab auch Bargeld

dabei! Ich kann alles auslösen, was mein Sohn hierge-
lassen hat«, bekräftigte er und zog aus seiner Mantel-
tasche ein Bündel zerknitterte Geldscheine, die er auf
dem Tisch hektisch glattstrich.

Meine Devise ist: Wie man in den Wald hineinruft, so
schallt es auch heraus. Der Mann hatte mir ruhig und
freundlich sein Anliegen vorgetragen. Natürlich war
ich da bereit, ihm zu helfen! Bei uns liegen über 200 000
Pfänder, da können wir schon mal eines verschmerzen.
Allerdings war ich mir nicht ganz sicher, dass das sein
Problem lösen würde.

»Eines muss Ihnen leider klar sein«, sagte ich. »Wenn
ich von Ihrem Sohn nichts annehme, wird's ein anderer
tun. Schließlich bin ich nicht der einzige Pfandleiher in
München.« Ich zuckte mit den Schultern.

»Danke, trotzdem – danke«, erwiderte der Vater, während er mir zum Abschied die Hand schüttelte.

Wenige Tage später tauchte sein Sohn bei uns auf.

»Ich möchte die hier beleihen lassen«, verkündete er
und legte zwei Paar goldene Manschettenknöpfe auf den
Tresen.

»Es tut mir leid, Junge. Aber ich hab's deinem Vater
versprochen: Ich nehme nichts mehr von dir.«

»Aber wieso denn? Es hat doch bis jetzt alles so gut
geklappt.«

»Bist du dir da so sicher?«, fragte ich und blickte
ihm prüfend in die Augen. Vielleicht sah ich in diesem
Moment ein Fünkchen schlechten Gewissens. Vielleicht
entsprang das aber auch nur meinem Wunschdenken. Es
war auf jeden Fall das letzte Mal, dass der Schauspieler-
sohn vor mir stand. Ich habe keine Ahnung, was aus ihm
geworden ist. Aber wenn sein Vater im Fernsehen mal

wieder voller Tatendrang eine Herausforderung meistert, hoffe ich, dass er seine ganz private genauso in den Griff bekommen hat.

Auch ich muss manchmal echte Spezialaufgaben lösen: nämlich immer dann, wenn ein Pfandbringer zu viel von dem vorher so gepriesenen Glauben an sich selbst besitzt. Ein solcher Fall kündigte sich an einem heiß-schwülen Augusttag durch lautes Schnaufen auf der Treppe an, dem ein glatzköpfiger, bebrillter Mann um die sechzig folgte. Er kämpfte sich die Stufen zu uns hoch, in den Armen einen Pappkarton, der, den Schweißrändern auf dem zu engen Hemd des Herrn nach zu urteilen, ziemlich schwer war.

Wie schwer genau, erfuhr ich dreißig Sekunden später: rrrrumms! Donnernd landete die Box auf der Theke, so dass die Glasscheibe, die mich von den Kunden trennt, leise klirrend vibrierte.

»Endlich bin ich fertig!«, tat der Mann mit strahlendem Lächeln kund.

»Das ist ja schön«, erwiderte ich, ahnungslos, wovon der Gute sprach.

»Machen Sie schon auf!«, ermunterte er mich. »Vor Ihnen liegt ein Bestseller.«

»Von wem?« Ich dachte an eine handsignierte Sonderausgabe von Brecht, Mann oder Dostojewski.

»Von mir!«, posaunte der Schreiberling stolz hinaus und schob seine Daumen rechts und links unter die Hosenträger.

In der Kiste verbarg sich ein gut dreißig Zentimeter hoher Stapel Papier. Ich fischte das oberste Blatt heraus und überflog die ersten Sätze:

Als Dr. Martinez die Station betrat, glaubte Schwester Doris ihren Augen nicht. Er war es! Der Mann, von dem sie immer geträumt hatte. Sie verlor die Besinnung und wachte erst wieder auf, als seine weiche Hand über ihre Wange strich …

»Hmm … und warum glauben Sie, dass das ein Bestseller ist?«

»Es wird einer, ganz bestimmt! Ich habe acht Monate daran gearbeitet. Jetzt brauche ich dringend ein paar Tage Urlaub. Wie viel geben Sie mir für das Buch?«

»Darüber können wir sprechen, sobald Ihr Buch veröffentlicht und wirklich ein Bestseller ist. Kommen Sie dann gerne noch mal wieder. Vorher gibt es leider nichts, da muss ich Sie enttäuschen.«

Der zukünftige Nobelpreisträger schnaubte wie ein Stier. Sein runder Kopf lief hochrot an. »Banause!«, keuchte er nur, dann packte er die Kiste, wuchtete sie auf seinen gewaltigen Bauch und dann die Treppe hinunter.

Die vermeintliche Edelfeder kam mir danach nie mehr unter. Und einen »Dr. Martinez« habe ich leider auch auf keinem Bestsellertisch liegen sehen. Schade eigentlich. Die lebensgroße Pappfigur des Autors, mit der der Verlag für das Meisterwerk geworben hätte, wäre sicher lustig anzusehen gewesen …

Normalerweise gehe ich aber ganz vorsichtig mit Künstlern um. Schließlich weiß ich, wie sensibel sie sind. Ein laut schallendes »Grüß Gott« meinerseits kann schon zur Krise führen. »Warum schreien Sie mich so an?«, wollte ein besonders scheues Talent einmal wissen.

Das dürre, aber muskulöse Kerlchen, das an einem heißen Sommertag energisch zu uns hinaufstiefelte, schien hingegen auf den ersten Blick weniger zart besaitet zu sein. Sein Blaumann und das ehemals weiße Unterhemd waren ölverschmiert. In seinen gestählten Armen trug der Mann eine gut zwei Meter große Skulptur aus Metallabfällen: Rohre, Drähte, Dosen, Schrauben – alles kunstvoll miteinander verschweißt. Diese Kreation stellte er vor dem Tresen ab und hetzte gleich wieder hinunter.

Was sollte das denn nun? Ich kam hinter meinem Tresen hervor und schaute mir das Ding genauer an. Sah eigentlich gar nicht übel aus. Da steckte jede Menge Arbeit und viel Gespür für Formen drin.

Schon kam der Bastler wieder, mit einer zweiten Figur, die er bedächtig, ja fast zärtlich, neben der ersten platzierte.

»Stopp, stopp, stopp«, warf ich ein, ehe der Mann ein drittes seiner Werke holen konnte. »Bevor Sie hier eine ganze Blech-Armee aufstellen, muss ich Ihnen eins mitteilen: Wenn Sie die hier verpfänden wollen, sind Sie an der falschen Adresse. Wir haben für so große Objekte gar keinen Platz.«

Der Kerl stand da wie ein begossener Pudel. »Also, ich versteh's einfach nicht. Keiner will meine Skulpturen. Noch nicht mal das Pfandleihhaus!«, jaulte er.

»Keiner? Das kann ich mir nicht vorstellen«, antwortete ich beschwichtigend. Schließlich bin ich stets darauf bedacht, große Szenen und lautes Trara gleich im Keim zu ersticken. Er sei Schlosser, erzählte er, und nach Feierabend und an Wochenenden schweiße er an seinen kantigen Phantasiegebilden. »Meine Freunde lachen mich deswegen aus. Die interessieren sich in der Freizeit nur für Schrauben, die *unter* einer Motorhaube stecken.«

»Ich kenne viele Leute, die sich für Ihre Kunst interessieren würden«, verkündete ich. »Haben Sie's schon mal mit einem Agenten versucht?«

Der Bastler zog die Augenbrauen hoch und schüttelte den Kopf. Ich nannte ihm einige Namen. »Die Nummern finden Sie im Telefonbuch. Rufen Sie mal bei denen an.«

Fünf Monate später feierte er seine erste Vernissage, für die er mir eine sehr geschmackvolle Einladung auf Büttenpapier schickte. Für seine Skulpturen zahlen seine Fans aus der Kunstwelt mittlerweile ein Vermögen.

Manchmal muss eben nur ein kleines Schräubchen angezogen werden, damit die Erfolgsmaschine in Fahrt gerät.

Natürlich bemühe ich mich, alle meine Kunden gleich und objektiv zu behandeln. Ich darf als Pfandleiher keine Unterschiede machen, nur weil mir jemand sympathisch ist. Theoretisch ist das glasklar – praktisch aber nicht immer einzuhalten. In seltenen Fällen mache ich schon mal eine Ausnahme.

So wie bei dem Straßenkünstler aus Schwabing, dessen Bilder ich belieh – obwohl er natürlich weder Picasso noch Matisse noch Rembrandt hieß. Aber ich glaubte an den Mann. Seine melancholischen Aquarelle und Strichzeichnungen berührten mich, und ich war felsenfest davon überzeugt, dass es auch anderen so gehen würde. Mein Instinkt hatte sich ja schon ein paarmal als richtig erwiesen.

Mit meinen kleinen Krediten für seine momentan noch wertlosen Bilder wollte ich dafür sorgen, dass er genügend Werke für eine erste Ausstellung zusammenbekam.

Doch leider ging der Schuss nach hinten los. Erst kam er monatlich, um seine Werke beleihen zu lassen, dann fast jede Woche! Und die Qualität entsprach mit der Zeit längst nicht mehr dem, was ich zuerst gesehen hatte: Die Striche waren plötzlich wackelig, die Aquarelle wirr. Mich beschlich das Gefühl, dass er dank der kleinen Finanzspritze weit öfter zur Flasche als zu seinem Handwerkszeug griff. Darauf deutete auch die penetrante Schnapsfahne hin, die ihn neuerdings umwehte.

Also traf ich eine Entscheidung: »Ich kann keine Bilder mehr von Ihnen annehmen«, eröffnete ich ihm eines Tages.

»Warum das denn?«, blaffte er.

»Wir bewahren schon zehn Ihrer Gemälde auf. Sie haben noch kein einziges wieder ausgelöst. Wo soll das denn hinführen?«

Es tat mir leid, ihn wegzuschicken. Aber er gehörte zu den Talenten, die ihre Chance nicht ergreifen – oder ergreifen können, aus welchen Gründen auch immer.

Diese Geschichte war einer der Gründe, warum ich mich fortan nicht mehr so leicht zu Dingen hinreißen habe lassen, die finanziell in keiner Weise lukrativ sind. Doch was die Themen Finanzen und Lukrativität angeht, beweisen manche meiner Kunden oft eine erstaunliche, um nicht zu sagen bestürzende Gedankenlosigkeit. Einer von ihnen hat diese Lektion offenbar noch nicht gelernt. Sein Synthesizer von Casio liegt seit zehn Jahren bei uns im Regal – und ist damit das Pfand mit der längsten Lagerzeit! Alle drei Monate verlängert sein Besitzer den Pfandvertrag. Natürlich ist das längst ein Minusgeschäft für ihn: 400 Mark hat der Mann im Jahr 2000 für sein Instrument von mir erhalten. Seitdem berappt er acht Euro pro Monat an Zinsen und Gebühren. In zehn Jahren macht das 960 Euro – also etwa das Fünffache der ursprünglich ausgezahlten Summe!

Warum ist diesem Menschen ein Gerät, das längst völlig veraltet ist, so viel wert? Warum löst er es nicht aus?

Das habe ich mich jahrelang gefragt. Zumal er gar nicht aussieht wie ein Musiker. Die haben nämlich oft ein ganz spezielles Auftreten.

Zum Beispiel kommt ab und zu ein Brasilianer bei mir vorbei, der sein Schlagzeug versetzt, wenn es wieder mal knapp wird. Er ist braungebrannt, hat schwarze Locken und ein riesiges Lächeln. Sein Gehen ist mehr ein Tänzeln, und wenn er vor mir steht, trommelt er mit den Händen rastlos auf dem Tresen herum. Lauthals lädt er mich zu seinen Konzerten in Schwabinger Kneipen ein: »Sie müssen kommen! Sie werden die südamerikanische Musik lieben – und die Frauen natürlich!« Da ich glücklich vergeben bin, habe ich bis jetzt immer dankend abgelehnt …

Dieser Brasilianer ist Rhythmus auf zwei Beinen. Er lebt seine Musik, er atmet sie ein, er strahlt sie aus. Der Synthesizer-Mann dagegen besticht durch drögen Buchhalter-Look: rotblonder Haarkranz, Brille und mausgraues Sakko mit Schulterpolstern, das wahrscheinlich – genau wie sein Instrument – noch aus den frühen 90ern stammt.

Im Mai 2010 konnte ich meine Neugier nicht mehr bändigen. Also sprach ich den Instrumentenfan direkt auf die Ursache seines Rekord-Pfandkredits an, als er mal wieder seinen Vertrag verlängerte.

»Entschuldigen Sie. Ich würde Sie gerne etwas fragen.«

»Ja?« Seine buschigen Augenbrauen wanderten misstrauisch nach oben.

»Sie kommen nun schon seit Jahren hierher und erneuern den Pfandkredit. Wieso tun Sie das? Ist das Gerät nicht inzwischen schon völlig wertlos?«

Er musterte mich, dann zog er wortlos eine Visitenkarte aus der Tasche und hielt sie mir vor die Nase. Unter seinem Namen stand *Alleinunterhalter, DJ, Musiker*. Ich blickte ihn etwas ratlos an. Nun erst wurde er redselig und erzählte mir seine Achterbahngeschichte: Ganz oben und ganz unten – der Fünfzigjährige war schon überall gewesen. Momentan befand er sich irgendwo mittendrin. Auf jeden Fall hatte er vor 15 Jahren auf seinem guten alten Synthesizer tatsächlich einen Hit komponiert, der es unter die Top Ten der deutschen Volksmusikcharts geschafft hatte. »Auf einen Schlag war ich reich«, schwärmte er. »Es war der Moment, auf den ich jahrelang hingearbeitet hatte.« Ein Haus, ein schnelles Auto – der Erfolgskomponist gönnte sich alles, worauf er bisher verzichtet hatte. Leider aber auch noch viel mehr. »Ich habe über meine Verhältnisse gelebt. Das habe ich erst gemerkt, als die Kreditkarten gesperrt wurden. Und plötzlich stand ich vor einem riesigen Schuldenberg.«

Sosehr er sich fortan auch bemühte, ein zweiter Kassenschlager gelang unserem One-Hit-Wonder nicht. Und so blieb ihm nichts als der Gang ins Pfandleihhaus. »Meinen Synthesizer zu verkaufen wäre für mich nie in Frage gekommen! Schließlich war ich mir stets sicher, ihn in ein paar Monaten auszulösen und doch noch einen Ohrwurm zu komponieren.« Aber ein zweites Mal erfüllte sich dieser Traum nicht.

Die Aufträge als Partymusiker kämen oft so spontan, dass er mit dem Geld nicht planen könne, erklärte mir der Musiker. »Die 200 Euro, die ich fürs Auslösen des Synthesizers bräuchte, gehen immer wieder für wichtigere Dinge wie Strom, Essen oder die Miete drauf.«

Und so erneuert er bis heute wieder und wieder den Pfandvertrag. Dass das wirtschaftlich sinnlos ist, weiß auch er genau.

Aber jeder Mensch hat seinen Spleen. Man denke nur an manche Frauen und ihren Schuhtick. Das ist eines der unwirtschaftlichsten Hobbys der Welt. Oder nehmen wir einen Bekannten von mir: Er ist Gastwirt, fährt aber für sein Leben gern Autorennen. Er war sogar schon bei der Rallye Paris-Dakar am Start. Solange man nicht als einer der ersten fünf ins Ziel rauscht, ist dieser Spaß freilich ein teures Vergnügen. Mein Freund macht trotzdem weiter. Es gibt halt Entscheidungen im Leben, die nicht der Verstand, sondern das Herz trifft. Und das ist auch gut so.

Wies'n-Wahnsinn

Die Wies'n taucht München in einen 16-tägigen Aus-
nahmezustand. Alle Regeln, die normalerweise gelten,
werden während des Oktoberfests außer Kraft gesetzt.
In dieser Zeit kann alles passieren – und das tut es
auch.

Darum schockte es mich auch nicht wirklich, als während der Wies'n-Zeit im September 2007 plötzlich ein
Student halb nackt vor mir stand. Er hatte zuvor versucht, ein paar Silberringe bei mir loszuwerden.

»Kommn Sie, bitteee! Isch mus dringen zrück zum Ok-
toberfesch«, lallte der blonde Bub im rotweiß karierten
Hemd und einer mit Bierflecken verzierten Lederhose. Es
war zwar Nachmittag, aber da die Bierzelte um zehn Uhr
öffnen, kann man um diese Zeit locker den ersten Voll-
rausch erreicht haben. Unser Pfandleihhaus liegt gerade
mal 500 Meter Luftlinie von der Theresienwiese ent-
fernt, also extrem nah dran am Epizentrum. Da kommt
es schon öfter vor, dass Feiernde bei uns vorbeischauen,
weil das Portemonnaie leer ist oder der EC-Automat kein
Geld mehr ausspuckt.

»Die Ringe sind kaum etwas wert. Dafür kann ich Ihnen nichts geben, sorry«, teilte ich dem Jungen mit.

»Un was is mit meim Hut?«

Ich schaute auf seine grüne Kopfbedeckung mit Synthetik-Gamsbart. »Nein, da kommen wir leider auch nicht zusammen.«

Plötzlich wanderte ein breites Grinsen über das Gesicht des mehr als nur Angeheiterten. »Ich weiß was!«, johlte er und streifte sich den Riemen seiner Lederhose von der rechten Schulter. »Meine Lederhose is aus eschtem Hirschleder. Die hat 600 Euro gekosset!«

Während ich dem Jungen eher belustigt dabei zusah, wie er sich auch noch den linken Riemen von der Schulter zog, griff meine Kollegin stimmgewaltig ein.

»Ich glaub es nicht! Hören Sie sofort auf, sich hier auszuziehen. Sofort!«, schrie sie schrill.

»Ja, hören Sie auf damit. Es nutzt doch nichts«, beschwor daraufhin auch ich den strippenden Kunden in etwas ruhigerem Tonfall. »Wir nehmen keine Anziehsachen!«

»Doch, doch, die hier iss supa. Die müssn Sie nehm'«, konterte er und stand auch schon in seiner weißen Feinrippunterhose da. Die Hose hielt er uns am ausgestreckten Arm entgegen.

Da feste Regeln für ein in Alkohol getränktes Hirn schwer zu verstehen sind, musste ich den Kerl mit einem pragmatischen Totschlag-Argument überzeugen: »Ohne Hose lässt Sie keiner mehr aufs Oktoberfest. Da kriegen Sie keine einzige Maß mehr!«

»Huh?«, stöhnte er, und ich konnte förmlich sehen, wie es hinter seiner Stirn ratterte. »Sie ham recht!«, lenkte er zerknirscht ein und stieg wieder in die Hose.

Gefahr erkannt, Gefahr gebannt! Die wichtigste Vorschrift an Wies'n-Tagen: Immer schön entspannt bleiben.

Wobei das manchmal nicht einfach ist. Denn während

des Oktoberfests steigt zwar die Zahl unserer Besucher rasant, aber die der Kunden nur geringfügig an. Täglich ziehen Heerscharen von Menschen an unserer Tür vorbei, und etliche von diesen Witzbolden rumpeln grölend die Treppe hinauf. Sie wollen gar nichts versetzen, sondern einfach mal ein Pfandleihhaus von innen sehen. Zu ihrem Sprüche-Repertoire gehören Kalauer wie: »Des is also a Leihhaus! Ja, wos konn i denn hier leihen? A Maß vielleicht? Oder a Hendl?« Irrsinnig witzig – wenn man's wenigstens nur einmal hören müsste …

Trotzdem könnte ich mir als gebürtiger Münchner keinen Herbst ohne Wies'n vorstellen. Schon als Dreijährigen schleppten mich meine Eltern dorthin mit. Ich weiß noch genau, welche Karussells ich als Kind gefahren bin und wie aufregend es war: die bunten Lichter, singende Menschen, Bratwurstduft! Als Teenager tat ich dann das, was Teenager heute noch in den Zelten tun: feiern und flirten. Das Oktoberfest ist der Inbegriff dessen, wofür wir Münchner weltweit berühmt sind: Lebensfreude!

Lebensfreude, die auch ein bisschen anstrengend ist. Denn mich stresst bereits das Anziehen für die Wies'n. Hemd, Lederhosen, die seitlich geschnürten Haferlschuhe – es ist eine Wissenschaft für sich, diese Montur komplett und perfekt anzulegen. Ich schwitze, ich fluche, aber ich weiß, ich muss da durch, weil die Tracht unabdinglich dazugehört. Ohne Tracht kein Oktoberfest.

Dann rufe ich ein Taxi. Natürlich sind gerade alle belegt, und ich muss mindestens eine halbe Stunde darauf warten, dass endlich ein Fahrer vor meiner Tür erscheint. Beim Anstich am ersten Tag ist's besonders schlimm. Zuerst stehe ich mir vor dem Zelt die Beine in den Bauch.

Drinnen muss ich dann nach meinem reservierten Tisch suchen. Komme ich dort an, ist er prinzipiell von fremden Menschen besetzt, die ich mit Hilfe der Bedienung verjage. Es ist heiß, die Luft unglaublich schlecht. Eine halbe Ewigkeit vergeht, bis der Bürgermeister die erste Maß gezapft hat, und dann dauert es noch mal gefühlte Stunden, bis auch ich eine vor mir stehen habe. In den endlosen Momenten davor frage ich mich, warum ich das alles eigentlich freiwillig mitmache. Warum bestelle ich mir nicht in einer gemütlichen Gaststätte einen Tisch und trinke da entspannt ein Bier – das dort obendrein noch billiger und besser eingeschenkt ist?

Die Antwort ist einfach: Für jeden echten Münchner ist der Wies'n-Besuch eine heilige Pflicht. Spätestens nach der zweiten Maß ist der ganze Ärger, Aufwand und Stress vergessen. Ich sitze inmitten meiner schunkelnden Freunde, die Musi spielt und die Glückseligkeit packt mich. Ich werde Teil einer jahrhundertealten Tradition, die ich zusammen mit Tausenden von Menschen erleben darf. Das stellt selbst einem stämmigen Kerl wie mir immer wieder aufs Neue die Haare auf. Und darum wird, so lange es nur irgend möglich ist, keine Wies'n ohne mich stattfinden.

Aber natürlich besteht die Massenveranstaltung nicht nur aus Gaudi. Es gibt auch die geschäftliche Seite, und das nicht zu knapp. Jede Kellnerin auf der Wies'n ist eine kleine Ich-AG. Vor Arbeitsantritt muss sie beim Zeltwirt Bier- und Hendlmarken kaufen – natürlich zu einem günstigeren Preis als dem, der nachher auf den Speisekarten erscheint. Diese Differenz plus Trinkgeld ist ihr Verdienst. Bestellt ein Gast eine Maß, bezahlt die Bedienung am Ausschank mit den Kunststoffmarken und behält für sich das Bargeld ein. Für den ersten Tag muss sie mindestens 100 Biermarken im Wert von mehreren hundert Euro in der Tasche haben. In manchen Zelten trägt das Personal außerdem eine Einheitskluft, die auch selbst gezahlt werden muss.

Um das Geld dafür zusammenzukriegen, kommen viele Wies'n-Mitarbeiter vorab mit ihren Wertsachen zu uns. So schlagen sie zwei Fliegen mit einer Klappe: Einerseits haben sie die Kohle, die sie benötigen, andererseits sind ihr Schmuck und Co. sicher. Viele reisen nämlich von weit her an und übernachten in Billigunterkünften oder Mehrbettzimmern, die man nicht wirklich als diebstahlsicher bezeichnen kann. Eine noblere Herberge kommt nicht in Frage, schließlich wollen diese Leute Geld verdienen und nicht ausgeben. In einem kleineren Zelt macht eine Kellnerin in zwei Wochen mindestens 2000 bis 4000 Euro. In Promi-Treffs wie dem Hippodrom oder dem Käfer-Zelt ist sogar das Doppelte drin.

Der spannendste Moment für mich ist der, wenn die Aushilfskräfte am Ende der Oktoberfestzeit ihre Sachen wieder abholen. Diesen armen Menschlein steht die Wies'n dann förmlich ins Gesicht geschrieben! Und zwar nicht in Schönschrift … Vor dem Sondereinsatz sind sie fröhlich und fit, danach hingegen fix und fertig. Obwohl sie gerade jetzt doppelt froh sein sollten: Die Quälerei ist vorbei und das Konto voll.

Doch 16 Tage Dauerschuften gehen an niemandem spurlos vorbei. Manche wirken um Jahre gealtert, haben mehr oder die ersten grauen Haare bekommen. Ein Mädel hatte sich mal so abgerackert, dass ihr der Ehering nicht mehr passte – sie brachte satte sechs Kilo weniger auf die Waage als bei ihrer Ankunft! Kein Wunder: Kellnern auf der Wies'n ist ein echter Knochenjob. In ein Zelt passen bis zu 10 000 Menschen, die minütlich nach Bier schreien. Zehn Maßkrüge muss eine Bedienung manchmal auf einmal schleppen. Sind die gefüllt, macht das 24 Kilo!

Aber es gibt auch andere Bierträger: Einer der Kellner hatte anscheinend jede dritte Maß selber getrunken. Auf seiner Nase und den Wangen glühten rote Äderchen; der Bauch purzelte noch runder über den Hosenbund als vorher. Das ging freilich auch für ihn auf eigene Rechnung: Nur alkoholfreie Getränke sind fürs Personal auf der Wies'n kostenlos. Da muss man schon aufpassen, dass man den Verdienst nicht gleich wieder in die Kehle schüttet. Die meisten aber können nach der Zeit im Zelt Bier nicht mehr riechen und setzen im Anschluss auf ein Kontrastprogramm. »Ich fahre bald zur Weinlese an die Mosel«, verkündete eine eifrige Saisonarbeiterin, die ihre Zuchtperlenkette samt passender Ohrstecker bei mir auslöste.

Ein billiges Vergnügen ist das größte Volksfest der Welt nicht. Die Verpflegungspreise sind dreimal so hoch wie in jedem normalen Wirtshaus. Geht eine Familie mit zwei Kindern in ein paar Fahrgeschäfte, isst ein Hendl, dazu ein, zwei Maß und ein paar Limos, sind schwupps über 100 Euro weg – ein Luxus, den sich viele eigentlich nicht leisten können, ihn aber trotzdem irgendwie möglich machen. Während des Oktoberfests stehen deshalb Familienväter vor meinem Tresen Schlange: »I muss auf'd Wies'n, i brauch a Geld«, heißt es dann. Weil sie ihren Kindern wenigstens einen Tag auf dem Festplatz bieten wollen. Wenn ein Münchner Kind nicht zum Oktoberfest darf, leidet es meist arg darunter. Im Kindergarten oder in der Schule hört es von seinen Freunden: »Ich war schon viermal auf der Wies'n!« – »Und ich fünfmal!« Da kann ich schon verstehen, wenn ein Familienoberhaupt seinen Laptop, den heimischen DVD-Spieler oder gar die Playstation opfert, um dem Nachwuchs was zu bieten und ihn abends halb schlafend und selig lächelnd von der Theresienwiese heimzutragen.

Wenig Verständnis habe ich allerdings für diejenigen »Münchner Originale«, die extra fürs Oktoberfest Urlaub einreichen, um dann zwei Wochen lang durchzusaufen. Denn diese feinen Herren verkalkulieren sich nur allzu oft: Ihr Dauerrausch nimmt ein jähes Ende, wenn sie nach zehn Tagen feststellen, dass ihr Budget erschöpft ist. Manche bringen dann sogar aus dem Zelt geklaute Maßkrüge mit, um sie bei uns zu versetzen. Was für ein Schwachsinn!

Da sind mir sogar die »Preißn« lieber, die zu uns kommen, um ihre Wies'n-Kasse aufzubessern. Erkennen kann ich sie auf den ersten Blick an ihrer original China-Ledernen, dem aisatischen Billig-Pendant zur traditionellen Lederhose. Es ist ja so, dass inzwischen der Großteil der bayrischen Tracht aus Asien geliefert wird. Den Unterschied kann man nicht nur sehen, sondern auch fühlen: Die chinesische Leserhose hängt schon für 60 Euro an der Stange und ist aus hartem Schweinsleder – mit entsprechendem Trage(un)komfort. Eine gescheite bayrische Lederhose wird hingegen aus Hirschleder handgemacht, kostet aber auch zwischen 600 und 2000 Euro. Dafür ist sie viel bequemer und hält ein Leben lang. Mit den Jahren wird sie immer speckiger und hat erst dann den Ehrentitel »Krachlederne« verdient.

Bei Dirndln ist das gemeinerweise ein wenig anders: Es kommt halt letztlich sehr drauf an, wer drinnen steckt. Es gibt Frauen, die auch in einem 80-Euro-Dirndl wunderschön aussehen. Und es gibt solche, bei denen selbst ein Modell für 2500 Euro nichts rettet ... Obwohl dieses traditionelle bayerische Outfit im Gegensatz zu »normalen« Kleidern viel verzeiht.

Deswegen stellt sich die Frage: Braucht Frau wirklich ein Dirndl für viel Geld?

Vor mir stand mal eine Dame Ende dreißig, die in ihrer Tracht ein ganz hervorragendes Bild abgab – egal, wie viel sie dafür bezahlt hatte. Ihr Dirndl war rot wie die Sünde, die Schürze aus schwarzer Spitze, passend zu ihren dunklen, funkelnden Augen, die mich feurig anblitzten. Als sie sich lächelnd auf meinen Tresen lehnte, blieb es mir natürlich nicht verborgen, dass sie, wie wir Bayern sagen, ordentlich Holz vor der Hütt'n hatte. Beim Gespräch positionierte sich das Weibsbild sogar derart, dass ich fürchtete, das Holz könne jede Minute aus der Hütte purzeln ...

»Entschuldigen Sie, was haben Sie gerade gesagt?« Ihr offenherziges Dekolleté lenkte mich so ab, dass ich mich nur schwer aufs Gespräch konzentrieren konnte.

Die Dirndlträgerin lächelte lasziv.

»Na, ich habe Ihnen erklärt, dass diese Kette von meiner Großmutter stammt.«

Ich nahm das feingliedrige Schmuckstück in die Hand, sah aber sofort, dass es sich lediglich um vergoldetes Sterlingsilber handelte.

»Dafür kann ich Ihnen höchstens zwanzig Euro geben.«

Meine Kundin zog die Mundwinkel theatralisch nach unten und legte den frauentypischen Dackelblick auf. »Wirklich? Aber schauen Sie, wie die funkelt! Da geht doch bestimmt mehr, oder?« Sie lehnte sich noch ein wenig weiter nach vorne. »Ich möchte halt ein bisschen Spaß haben auf der Wies'n, und mit zwanzig Euro komme ich nicht weit.«

Ich blieb trotz der optischen Reize standhaft. »Nein, wirklich nicht. Zwanzig Euro – dabei bleibt's, tut mir leid.«

»Haben Sie eigentlich ein Büro?«, wollte die Frau nun wissen.

»Ja, wieso?«

»Na, vielleicht können wir ja dort noch mal intensiver über einen neuen Preis diskutieren. Ich würde mich auch erkenntlich zeigen, wenn Sie mir entgegenkämen.« Sie lächelte vielsagend und zwinkerte mir zu.

Ich wurde rot wie ein kleiner Schuljunge! »Also – äh, das, äh, nein, das brauchen wir nicht. Der Preis is fix«, entgegnete ich und räusperte mich energisch.

»Ach wirklich? Wie schade. Ich hätte gedacht, dass Sie da flexibler sind«, flötete sie, schnappte ihre Kette und drehte mir den Rücken zu. »Sie wissen ja nicht, was Ihnen entgeht.«

Ja, Angebote gibt es zur Wies'n-Zeit reichlich. Aber das heißt noch lange nicht, dass ich alles nehme, was auf meinem Tresen landet …

Viel lieber als eindeutig zweideutige Angebote ist mir zum Beispiel ein ordentlicher Gamsbart, also ein buschiger Hutschmuck aus den Rückenhaaren von Gamsböcken. Einer meiner Stammkunden, ein typischer Bayer mit Lederhose und geschwungenem Schnauzer, deponiert den seinigen an 349 Tagen im Jahr bei uns. Pünktlich zur Wies'n löst er ihn aus, denn ohne sein tierisches Schmuckstück würde er sich nicht ins Zelt trauen. Der

Gamsbart ist in Bayern ein Symbol der Männlichkeit. Und die braucht man(n) auf der Wies'n dringend …

Gamsbärte werden in so vielen Arbeitsschritten und nach so alten Techniken hergestellt, dass sie bis zu 10 000 Euro wert sein können. Ein anderer Kunde besaß ein Stück aus dieser alpinen Preiskategorie. Der Kerl war 1,90 m groß, mit Hut und Gamsbart wahrscheinlich fast 2,20. Eine echte Erscheinung! Aber wie es halt so ist: Auch solche Mannsbilder sind vor Unglück nicht gefeit. An einem Wies'n-Abend geriet er im Suff mit seinem Gamsbart in den Heizstrahler. Da hat es laut »Zischschsch« gemacht – und das Ding war bis auf den Ansatz abgeflammt. So kann man sich natürlich den Wies'n-Besuch noch teurer gestalten, als er eh schon ist. Seitdem geht er nur noch »oben ohne« hin. Und ich muss auf ein einträgliches Ganzjahrespfandgeschäft verzichten.

Ähnlich wertvoll wie die Gamsbärte sind die Charivaris – massive Schmuckketten, die sich die Männer vor den Schritt an die Lederhose hängen – quasi der bayrische Intimschmuck. Ein echtes Statussymbol, bei dem wie immer gilt: Je größer, desto besser. Was ein Charivari so wertvoll macht, sind die teilweise ziemlich morbiden Anhänger. Ein Goldschmied reinigt dazu alte Münzen, Rehzähne, Greifvogelkrallen, Eichhörnchengebisse oder Fuchsschnauzen und verpasst ihnen eine edle Silberfassung. Das ist eine extrem aufwendige Prozedur, die den Preis so einer Kette auf bis zu 3000 Euro hochtreibt. Erfunden wurden Charivaris von Landwirten, die Teile ihrer Beute auf diese Weise voller Stolz an die Kette legten. Im Winter, Frühling und Sommer haben wir davon ein ganzes Regal voll. Doch während der Wies'n ist es restlos leergefegt. Schließlich will keiner der Herren ohne sein Intimstatussymbol losziehen! Man weiß ja nie, wer einem noch so über den Weg läuft …

Auf eine bestimmte Begegnung hätte ich allerdings gut verzichten können. Als Pfandleiher kommt es selten vor, dass ich von Kunden in freier Wildbahn angesprochen werde. Umso überraschter war ich, als ich eines der kleineren Wies'n-Zelte betrat und plötzlich eine Stimme über zig Bierbänke hinwegschrie: »Mein Pfandleiher, mein Kreditgeber, lass dich einladen!« Ein rotwangiger Trachtler schwenkte seinen Maßkrug in meine Richtung. »Komm scho her!«

Ich erkannte den Kerl. Er kam öfter zu uns. Nun ja, da musste ich zumindest kurz mit ihm anstoßen. Er bestellte mir eine Maß, und ich dachte nur: Der Prasser! Nächste Woche steht er wieder mit einer teuren Armbanduhr bei mir auf der Matte. »Das ist der Leihhaus-Käfer«, verkündete er seiner Tischgesellschaft stolz, und ich wäre froh gewesen, wenn sich in diesem Moment die Erde unter mir aufgetan hätte. »Mein Retter in der Not – lass uns auf den Pfandkredit anstoßen!« Es war ja nett von ihm gemeint, und wenn er sich vor seinen Bekannten als Leihhausgänger outen wollte, sollte mir das recht sein. Aber ich bin es nun mal nicht gewöhnt, durch meinen Job im Mittelpunkt zu stehen. Ich bin vielmehr froh, dass ich überall unerkannt untertauchen kann und nicht zu jedem nett sein muss, weil es zum Geschäft gehört.

Mein Cousin Michael kann sich, wenn er unter Leuten ist, nicht einfach wegdrehen. Dann heißt es gleich: »Was ist da los? Hat er das nicht mehr nötig?« Selbst wenn er auf eine Trauminsel am Ende der Welt jettet, sitzt sicher schon einer an der Hotelbar, der ihn kennt – ein Alptraum! Die Chance, dass ich auf den Malediven einem Kunden begegne, ist Gott sei Dank relativ gering. Man darf das nicht falsch verstehen: Ich mag meine Kundschaft. Aber Dienst ist Dienst, und Schnaps ist Schnaps – so habe ich es immer schon gehalten.

Die Wies'n ist allerdings nicht nur eins der größten Saufgelage der Welt, sie ist auch ein gut funktionierender Heiratsmarkt. Denn nicht bei allen Paaren, die sich zwischen Bier und Schweinsbraten kennenlernen, reichen die Gefühle nur bis zum Boden des gerade an die Lippen gesetzten Maßkruges. Viele Oktoberfestpaare bleiben sogar ein Leben lang zusammen! Ich hoffe, dass es auch bei den beiden so ist, von denen die folgende Geschichte handelt, denn die ging mir richtig zu Herzen.

Es begann mit einem lauten Schluchzen im September 2008. Vor mir stand ein bildhübsches blondzöpfiges Madel in einem himmelblauen Dirndl. Ihre eigentlich ebenso blauen Augen waren rot und verheult. Der Bursche neben ihr überragte sie um zwei Köpfe und sah recht fesch aus in seiner Krachledernen. Beschützend legte er der Kleinen seinen Arm um die Schultern. »Des Madel braucht a Geld«, sagte er mit röhrender Stimme, die bei seinem kräftigen Brustkorb nicht verwunderlich war.

»Kein Problem. Was wollt ihr denn abgeben?« Ich fragte mich dabei, wie schwerwiegend das Problem der beiden wohl sein mochte.

Als Antwort schob der Alpen-Hüne seinen rechten Hemdsärmel hoch. Darunter kam eine Kienzle zum Vorschein. Er streifte sie ab, damit ich das Stück näher betrachten konnte. Kienzle ist eines der ältesten Uhrenunternehmen Deutschlands. Es handelte sich um ein mechanisches Werk. Echte Präzisionsarbeit, sicher, und der Zustand war auch gut, ebenso der des Lederarmbands, aber einen Sensationswert hatte dieser Zeitmesser dennoch nicht.

»Fünfzig Euro. Mehr kann ich dafür nicht geben.«

»Des passt scho«, kommentierte der Koloss. »Damit kriegn mir des Zugticket.«

»Bist du dir sicher?«, flüsterte das bisher wortlose Mädchen.

»Ja freilich!«, sagte er ihr zugewandt. »Aber nur, wenn i des Geld auch wirklich zrubckkrieg.«

»Sicher! Hauptsache, ich komm nach Hause.«

So wird man Wies'n-Held! Mein Neukunde erzählte mir die Vorgeschichte: Er hatte das Mädchen erst vor zwanzig Minuten gleich gegenüber von unserem Pfandhaus am Hauptbahnhof kennengelernt. Sie stammte aus Stuttgart und hatte nach dem Wies'n-Besuch auf dem Weg zum Zug festgestellt, dass ihr Portemonnaie gestohlen worden war. Nun stand sie in der Bahnhofshalle und weinte bitterlich – ein Gefühlsausbruch, der wohl auch dem reichlich vorhandenen Restalkohol zuzuschreiben war. In dem Moment kam unser Retter ins Spiel. Er sah sie und fragte gleich: »Ja, wos is denn los?«

»Mein Geldbeutel ist geklaut worden! Mit dem Zugticket! Und ich erreiche meine Freunde nicht. Die hören ihr Handy im Wies'n-Zelt nicht.«

Charmant wie er war, bot ihr der Bursche, der eigentlich auf dem Weg zur U-Bahn war, finanzielle Hilfe an, wenngleich seine Mittel ebenfalls eingeschränkt waren: Als echter Münchner Wies'n-Profi hatte er statt Geldbeutel mit EC- und Kreditkarten nur Bargeld mitgenommen. Sein aktuelles Hosentaschenkonto belief sich auf

5,50 Euro – gerade noch genug für die U-Bahn und einen Cheeseburger.

»Aber i hob a Idee!«, verkündete er der schönen Fremden. »Gleich gegenüber is des Pfandleihhaus. Da versetze ich meine Uhr und du kriegst das Geld für eine neue Zugfahrkarte.«

Davon, dass er sein Geld wirklich wiedersehen würde, war ich noch nicht ganz überzeugt, als ich den beiden das Geld aushändigte. Aber meine Skepsis wurde vier Wochen später widerlegt. Da spazierten die beiden nämlich Hand in Hand zu uns hoch.

»Wir wollen seine Uhr abholen«, verkündete das Mädchen, das ohne die geflochtenen Zöpfe, dafür aber mit offener Mähne und kirschrotem Lippenstift wie eine richtige Dame aussah.

Als ich das kleine Schmuckstück auf den Tresen legte, platzierte sie einen Fünfzig-Euro-Schein plus 2,50 Euro Gebühren dazu und schaute ihrem Helfer lächelnd in die Augen. »Wer immer meinen Geldbeutel geklaut hat«, sagte sie, »bei dem kann ich mich eigentlich nur bedanken. Sonst hätte ich dich ja nie kennengelernt!« Sie drückte dem Riesen einen Kuss auf die Lippen.

Ein Happy End im Pfandleihhaus – schöner hätte man sich das in Hollywood auch nicht ausdenken können. Da sag noch einer, bei der Wies'n ginge es nur um den Kommerz …

Geld ist dicker als Blut

Mama, ich hoffe, du verzeihst mir diesen Satz, aber er muss einfach raus:

Mütter sind mit Abstand die furchtbarsten Kundinnen!

Was die mir in meinen vielen Jahren als Pfandleiher schon für Szenen geliefert haben, ist fast nicht in Worte zu fassen. Schuld daran ist ihr genetisch bedingter Beschützerinstinkt. Mütter kämpfen wie Löwinnen gegen jeden, der ihrer Familie etwas Böses will.

Dagegen wäre im Prinzip gar nichts einzuwenden. Das Problem ist nur, dass sie dann blind vor Wut um sich schlagen und dabei auch gerne mal den Falschen erwischen. Warum nur muss bitte immer ich derjenige sein, der ihre scharfen Krallen zu spüren bekommt?

Das beste Beispiel dafür ist ein Telefonat, das ich vor etwa einem Jahr führte. Noch bevor sich die Dame am anderen Ende auch nur vorstellte, giftete sie schon hysterisch in den Hörer: »Sie haben meinem Sohn die Brosche abgenommen!«

»Bitte was?«, entgegnete ich und verstand in diesem Moment noch weniger als Bahnhof.

»Sie haben schon recht gehört. Abgenommen haben Sie sie ihm!«, schrillte die Antwort wie eine Feuerwehrsirene.

»Was heißt hier abgenommen? Erklären Sie mir doch bitte, worum es geht.«

»Na, mein Sohn hat meine Brosche bei Ihnen abgegeben. Ich will sie zurück, sofort!«

Langsam verstand ich, was die Telefon-Furie von mir wollte. Ganz ruhig entgegnete ich: »Das kann schon sein. Aber ich darf Ihnen leider darüber keine Auskunft erteilen. Das fällt unter Datenschutz.«

Schon fuhr die Löwin erneut die Krallen aus: »Wie können Sie es überhaupt wagen, meinem Bubele die Brosche zu entwenden?«, kreischte die Dame. »Sie wissen doch genau, dass das nicht seine ist!«

Mir lief es eiskalt den Rücken runter. Ihr »Bubele«? War uns da etwa ein Fehler unterlaufen und der Junge noch minderjährig? Leicht nervös schaute ich im Computer nach. Anhand des Nachnamens und der Daten, die mir die Dame lautstark gegeben hatte, fand ich die Brosche zügig. Ein schönes Schmuckstück: antik, mindestens achtzig Jahre alt. Eine vier Zentimeter lange Halterung aus 14-karätigem Gold, mit Brillanten und einem großen Rubin besetzt. Der Beleihwert lag bei stattlichen 1500 Euro.

Die Datenbank lieferte mir außerdem noch eine Überraschung: Das »Bubele« war 38 Jahre alt!

»Gnädige Frau, verzeihen Sie bitte«, fing ich ganz milde an. »Aber Ihr Sohn ist 38 Jahre alt. Warum soll er da nicht bei uns eine Brosche versetzen dürfen? Ich hatte keinen Grund, daran zu zweifeln, dass sie nicht ihm gehört.«

Ich weiß nicht, was meine Gesprächspartnerin in dem Moment mehr aus dem Konzept brachte: meine ruhige Art oder die Erkenntnis, dass die Schuld tat-

sächlich nicht bei mir, sondern beim geliebten »Bubele«
lag.

Sie atmete tief am anderen Ende der Leitung, dann
fragte sie zerknirscht: »Kann ich vorbeikommen und die
Brosche auslösen?«

»Natürlich. Aber bitte denken Sie daran, den Pfandschein mitzubringen.«

»Den hab ich nicht.«

»Der Vertrag läuft über Ihren Sohn. Dann müssen Sie
sich von ihm —«

»Aber das ist MEINE Brosche!«

Das nervenaufreibende und unerquickliche Telefonat
hatte einen neuen Höhepunkt erreicht und endete als-
bald damit, dass die Anruferin den Hörer auf die Gabel
knallte. Letztendlich besorgte sich die Dame dann wohl
doch irgendwie den Pfandschein vom »Bubele«, denn
wenige Tage später stand sie bei mir am Tresen und holte
die Rubinbrosche ab. Dabei fixierte sie mich die ganze
Zeit über mit mordlustigem Blick. Klar: Für die meisten
Mütter bin ich der Feind, ihre Söhne und Töchter hingegen unschuldige Opfer.

Eine andere Kampfmutter beschimpfte mich sogar einmal mit den Worten: »Würde es Menschen wie Sie nicht
geben, hätte mein Sohn auch nichts gestohlen.«

Was soll ich darauf noch erwidern? Es ist wirklich
schwierig, wenn Eltern die Schuld nicht bei ihren Kindern, sondern immer woanders suchen.

Aber es gibt auch einsichtige Mütter, wie die der
19-jährigen Studentin, die einen Sommer lang Dauerkundin bei uns war. Ein freundliches, immer lächelndes
Ding, das allerdings ein paar Kilo zu viel auf die Waage brachte. Ihre Rundungen versuchte sie durch wei-

te Jeans und dicke Kapuzensweatshirts zu verbergen. Durch diesen Look und den bürstigen Kurzhaarschnitt wirkte sie wie ein kräftiger Bursche.

Beim ersten Pfandhausbesuch brachte sie ein goldenes Armband mit. Vier Tage später kehrte sie mit einer Kette wieder. Einen Monat lang ging das so. Die Liste der Pfänder wurde länger und länger und umfasste inzwischen auch einen Perlenring, ein Paar Diamantohrstecker sowie eine dicke Korallenkette. Jedes Mal nahm das Mädel 400 bis 500 Euro mit nach Hause. »Danke und bis bald«, verabschiedete sie sich stets freundlich.

Unser nächstes Wiedersehen fiel allerdings anders aus, als sie es sich wohl vorgestellt hatte. Denn da wurde sie von ihrer Frau Mama begleitet! Und die hatte nicht gerade die allerbeste Laune: Ihr lautes Schimpfen war vom Treppenansatz bis zu uns in den ersten Stock hinauf zu hören. Sie machte ihrem Zorn zwar in einer mir unbekannten Sprache Luft, aber dass es sich dabei um eine Strafpredigt handelte, die sich gewaschen hatte, verstand ich auch ohne Dolmetscher.

Das Mädchen erschien als Erste auf der obersten Treppenstufe, allerdings mit dicken Tränen im Gesicht statt des üblichen Lächelns. Auf ihren Fersen folgte unverkennbar die vor Wut schnaubende Mutter: ähnliche Bauweise, gleicher Haarschnitt, nur geschätzte dreißig Jahre älter. Während ihre Tochter verschämt und leise schluchzend im Hintergrund stehen blieb, trat sie an den Tresen und breitete sechs Pfandscheine darauf aus.

»Ich würde gerne alles auslösen«, sagte sie in akzentfreiem Deutsch. »Rechnen Sie doch bitte aus, was das macht.«

Ich warf einen Blick ins System und druckte das horrende Ergebnis aus.

»5230 Euro.«

Der Mutter stieg die Zornesröte ins Gesicht. Sie drehte sich herum und ließ einen Schwall fremdsprachiger Beschimpfungen auf ihre Tochter nieder. Zum Schluss sagte sie auf Deutsch: »Das zahlst du mir alles zurück!«

Dann erklärte sie, wieder mir zugewandt: »Mein Töchterchen, das immer noch unter meinem Dach wohnt, hat sich nämlich erlaubt, meine Schmuckschatulle auszuräumen, während ich im Urlaub war. Und warum? Um einen Nichtsnutz auszuhalten, der ihr schöne Augen macht.«

Wozu Liebe einen nicht alles treiben kann! Der Kerl hatte die Kleine mit netten Sprüchen weichgeklopft und schließlich nach Geld gefragt. Wofür? Wahrscheinlich für hübschere Frauen, fürchte ich. Er huschte vermutlich nur mal kurz bei seiner rundlichen Geldquelle vorbei, nahm die Scheine mit und traf sich anschließend mit einer anderen in einer Disco. Ich kenne solche Typen – die sind knüppelhart.

Und schaffen es trotzdem immer wieder, ihre Freundinnen um den Finger zu wickeln. Das erlebe ich bei uns im Pfandhaus regelmäßig. Es kommen enorm viele junge Paare rein, bei denen sich die immer gleichen Szenen abspielen: Sie löst für ihn das Handy, den MP3-Player oder den Laptop aus, natürlich mit der Warnung: »Das ist jetzt aber das letzte Mal!« Zwei Wochen später stehen die beiden wieder vor mir, und sie zückt ihr Portemonnaie, um für ihren Liebsten finanziell einzuspringen. Frauen sind wohl wirklich leidensfähiger als Männer. Im umgekehrten Fall hätte ein Typ seine Freundin schon längst abgeschossen. Aber die Frau überhäuft den Mann mit Geld, weil sie der märchenhaften Phantasie nachhängt, nur sie könne ihn retten. Ein großer Fehler …

Den machte auch unsere stehlende Studentin und musste ihn teuer bezahlen – nicht nur mit Geld, sondern auch mit dem Vertrauen ihrer Mutter. Als sie einen Monat später wieder mit einer goldenen Kette vor mir stand, konnte ich nur den Kopf schütteln: »Geht's jetzt wieder von vorne los?«, fragte ich sie.

»Nein, nein. Meine Mutter weiß Bescheid.«

»Wenn das so ist, kommen Sie bitte mit ihr wieder. Dann nehme ich die Kette gerne an.«

Da wurde die Kleine grantig: »Wenn Sie meinen, Sie können auf eine Kundin verzichten, gehe ich halt woanders hin!«, motzte sie und verließ beleidigt unser Pfandleihhaus. Die Lust aufs Klauen vergeht einigen eben nicht so schnell, da richtet selbst eine Strafpredigt kaum was aus.

Daher empfehle ich Eltern mit diebischen Kindern, sich einen Tresor zuzulegen. Den gibt es in jedem Baumarkt für 80 Euro. In diesem können sie ihren ganzen Schmuck lagern, und das Problem ist ein für alle Mal gelöst. Wobei dieser Rat ganz unterschiedlich aufgenommen wird. Die einen flippen völlig aus und schimpfen: »Was geht Sie das überhaupt an, wo ich meinen Schmuck aufbewahre?« Die anderen befolgen ihn dankend.

Wichtig ist nur, dass der Tresor ein Schloss mit Zahlenkombination hat, sonst kann es nämlich trotzdem schiefgehen. Wir hatten vor längerer Zeit mal einen jungen Kunden, der seinem Vater die Rolex aus dem Tresor geklaut hat.

Der Vater lebte seit seiner Scheidung alleine in einer

Wohnung, für die nur sein erwachsener Sohn einen Zweitschlüssel besaß – um Blumen zu gießen, wenn sein Papa im Urlaub war. Der arbeitete als Maurer und hatte sich jede Mark im Schweiße seines Angesichts hart verdient. Seinerzeit war das Maurern noch ein lukrativer Job. Die 1990er Jahre waren golden für das deutsche Handwerk – so ganz ohne die günstigere Konkurrenz aus dem Osten.

Der Mann hatte lange auf eine Rolex gespart, die er nun wie seinen Augapfel hütete. Während seines Urlaubs hob er das gute Stück im Tresor auf, den er in die Schlafzimmerwand eingelassen hatte. Allerdings ließ sich dieser Safe ganz einfach per Schlüssel öffnen.

Davon rate ich dringend ab. Denn das Versteck kann noch so gut sein – wer in einer Drei-Zimmer-Wohnung lange genug Gelegenheit zum Suchen hat, der findet den Schlüssel auch. Während der zweiwöchigen Absenz seines Vaters hatte der Langfinger-Sohn alle Zeit der Welt … Nachdem er die Uhr mitsamt Echtheitszertifikat aus dem Tresor gefischt hatte, verschloss er diesen wieder sorgsam und legte den Schlüssel dahin, wo er ihn gefunden hatte: in die Sockenschublade. Mit der Uhr kam er zu mir und holte sich im Tausch 3000 Euro ab. Daraus kann man noch etwas lernen: Man soll nie die zugehörigen Papiere am selben Ort wie den Wertgegenstand selbst aufbewahren. Denn den Dieb, der beides vorweisen kann, wird jeder zweifelsohne für den rechtmäßigen Besitzer halten.

Es kam natürlich, wie es kommen musste: Der Vater kehrte aus dem Urlaub zurück und fiel aus allen Wolken, als er den Tresor aufschloss und ihn darin gähnende Leere erwartete. Es gab keinerlei Einbruchsspuren, und so fiel der Verdacht auf den eigenen Sohn. Der behauptete natürlich felsenfest, damit nichts zu tun zu haben.

Dem Handwerker blieb nichts anderes übrig, als seinen Filius anzuzeigen. Die Polizei nahm den jungen Mann in die Mangel und entlockte ihm recht schnell ein Geständnis. Daraufhin stellten die Beamten die Rolex bei uns im Pfandhaus sicher. Nach einer längeren Unterhaltung mit mir riss der Handwerker seinen alten Tresor aus der Wand und baute einen mit Zahlenschloss ein. Die Kombination dafür hat er nirgendwo notiert, die weiß nur er, und zwar auswendig. Wenn er heute in den Urlaub fährt, lässt er lieber die Blumen vertrocknen, als irgendwen unbeaufsichtigt in seine eigenen vier Wände zu bitten.

Gerade bei jungen Menschen ist es manchmal schwierig, einzuschätzen, ob sie wirklich die Erlaubnis haben, das mitgebrachte Pfand auch zu versetzen. Einmal kam der Sohn eines Bundestagsabgeordneten herein – ich hab ihn gleich am Namen erkannt. Der Junge war gerade mal 18 Jahre alt und überreichte mir drei Damenringe. Klar fragte ich mich einen Moment lang, ob er die nicht vielleicht ohne das Wissen seiner Mutter aus der Schmuckschatulle gemopst hatte. Aber wegen des politischen Hintergrunds seiner Familie hielt ich es als gebürtiger Münchner für regelrecht ausgeschlossen, dass es hiermit nicht seine Ordnung haben könnte. Der Pfandwert des Schmuckes lag ja ohnehin nur bei 300 Euro. Daher machte ich kein Fass auf und zahlte den Betrag aus. Würde so ein Jungspund mit Juwelen im Wert von 10 000 Euro daherkommen, sähe das ganz anders aus, da würde ich schon genauer nachfragen. In diesem Fall habe ich die Ringe beliehen, und es ist nichts weiter passiert. Entweder, er hatte wirklich das Okay seiner Eltern, oder die beiden haben das Verschwinden des Schmucks nie bemerkt. Ausgelöst wurde er auf jeden Fall nicht.

Die meisten Kunden, bei denen das Alter mit einer eins oder zwei beginnt, haben im Zweifelsfall übrigens fast immer gleich ein wunderbares Alibi parat. Noch bevor ich überhaupt auf die Idee kommen könnte, sie nach der Herkunft ihres Pfandes zu fragen, sprudelt es aus ihnen heraus: »Das habe ich von meiner Oma geerbt!«

»Das dachte ich mir fast« ist meine Standardantwort auf diesen Standardsatz, den ich bis zu zehnmal pro Tag höre. Wenn es hier wirklich so viele Todesfälle gäbe, wie meine Besucher stets behaupten, wäre München schon lange keine Millionenstadt mehr. Manchmal sorgt unser Pfandleihhaus sogar dafür, dass die Einwohnerzahl noch ein bisschen ansteigt: Schließlich kommen zu uns nicht nur die Menschen, deren Familie sich gerade auf traurige Weise verkleinert hat, sondern auch die, die ihre vergrößern wollen.

»Sie sind meine letzte Hoffnung!«, flehte mich 2010 im Wonnemonat Mai eine junge Blondine mit dunklen Schatten unter den braunen Augen an. Auch diesen Satz habe ich schon oft gehört. Den nächsten aber nicht: »Ich brauche Geld für eine künstliche Befruchtung!«

Mietschulden, Arbeitslosigkeit, Brust-OP – die Gründe, um sich Geld zu leihen, sind vielfältig. Mir war schon fast alles untergekommen. Aber ein Baby? Das war eine echte Premiere!

Die Kundin bemerkte wohl die Fragezeichen in meinen Augen und schob gleich eine ausführliche Erklärung nach: »Mein Mann und ich wünschen uns seit drei Jahren ein Kind, aber es klappt einfach nicht. Und für eine künstliche Befruchtung gibt es von der Krankenkasse erst einen Zuschuss, wenn die Mutter in spe über 25 Jahre alt ist. So lange wollen wir auf keinen Fall warten«, betonte die laut Ausweis 22-Jährige.

Aus ihrer schwarzen Nylonhandtasche zog sie einen dunkelroten Samtbeutel. »Das ist der Erbschmuck meiner Oma«, erzählte die Familienplanerin. Sechs Ketten und Ringe ließ sie auf den Tresen gleiten.

»Wie viel brauchen Sie denn für diese Befruchtung?«, fragte ich.

»1500 Euro. Wir haben schon alles versucht, um an diese Summe zu kommen. Erst haben wir bei Freunden und Familie nachgefragt, aber so viel Geld hat keiner von denen mal so eben übrig. Dann haben wir ein paar Sachen über eBay verkauft, doch das war natürlich nur ein Tropfen auf den heißen Stein. Wir haben sogar eine Zeitungsannonce geschaltet, über die wir einen privaten Geldgeber suchten. Es hat sich niemand gemeldet. Jetzt bleibt uns nur noch der Gang zu Ihnen.«

Ich inspizierte die Schmuckstücke. Alle Teile waren aus 14-karätigem Gold und ordentlich verarbeitet. Aber insgesamt kam ich nur auf einen Leihwert von 1100 Euro. Die Frau sah wirklich verzweifelt aus. Ich schaute in ihre hoffnungsvollen Augen und traf eine Bauch- oder vielmehr eine Herzensentscheidung: »1500 Euro – das können wir machen«, sagte ich, und ein Leuchten wanderte über ihr blasses Gesicht.

»Wirklich?«

»Ja, das passt schon.«

Ich stellte für jedes der sechs Schmuckstücke einen einzelnen Pfandschein aus, damit die Kundin sie nach und nach für kleinere Summen auslösen konnte. Als die junge Frau sechs Monate später die erste Kette wieder abholte, erkannte ich sie kaum wieder. Ihre Wangen waren rosig, die Schatten unter den Augen verschwunden. Und ihre braunen Augen strahlten vor Glück: »Wissen Sie was?«, verkündete sie. »Ich bin schwanger! Es hat gleich beim ersten Versuch geklappt!«

Vor einigen Wochen hat sie mir ein Foto ihres neugeborenen Sohnes geschickt. Ich dachte, so eine Ehre würde nur Frauenärzten zuteil. Aber auch Pfandleiher sind eben ganz nah dran am Leben – und genau darum würde ich diesen Job gegen keinen anderen auf dieser Welt eintauschen!

Auch, wenn man dadurch immer wieder in Familiendramen eintauchen muss. Vor etwa zwei Jahren kam ein älteres Paar zu mir, beide über sechzig. Die beiden hielten sich fest an den Händen und schlichen nur zögerlich zum Tresen. Ihr schüchternes »Guten Tag« war mehr geflüstert als gesprochen, und die Frau traute sich nicht, mir in die Augen zu schauen. Aus ihrer Handtasche holte sie einen ganzen Kulturbeutel voller Schmuck, den sie nach und nach vor meinen Augen ausbreitete. Plötzlich sickerten Tränen unter ihrer klobigen Hornbrille hervor.

»Das ist doch kein Grund zum Weinen«, beschwichtigte ich sie, da ich weiß, wie schwer es vielen Kunden fällt, sich von ihrem Besitz zu trennen, und sei es nur auf Zeit. »Sagen Sie mir doch mal, wie viel Geld Sie überhaupt benötigen. Vielleicht müssen Sie ja gar nicht alles hierlassen.«

»Wir brauchen dringend 3000 Euro für den Anwalt unseres Sohnes«, jammerte die Dame. Und da Wahrheiten erst so richtig schmerzen, wenn man sie laut ausspricht, entwich ihrer Kehle ein lautes Schluchzen. Die Frau zitterte am ganzen Leib, während ihr Mann versuchte, sie zu beruhigen, indem er ihr sanft über den Rücken strich. »Entschuldigen Sie, aber ich musste vorher noch nie ins Pfandleihhaus«, rechtfertigte sie sich. »Jetzt geht es nicht anders. Unser Sohn sitzt wegen Betrugs in U-Haft, und wenn wir ihm keinen anständigen Anwalt besorgen, landet er hinter Gittern! Das würde ich mir nie verzeihen. Wir müssen ihm beistehen, auch in einer solchen Situation.«

»Machen Sie sich keine Sorgen um Ihren Schmuck«, besänftigte ich die beiden. »Der wartet ja hier auf Sie. Wenn Sie in vier Monaten nicht das Geld haben, ihn auszulösen, verlängern Sie einfach den Pfandvertrag.« Ich suchte aus dem Schmuckberg zehn Teile heraus, die insgesamt einen Wert von 3000 Euro ergaben. »Den Rest können Sie wieder mit nach Hause nehmen«, sagte ich, woraufhin die Mutter mit dem Löwenherz das goldene Kreuz an ihrer Halskette ergriff und es hektisch küsste.

Vier Monate später stand sie wieder vor mir, um den Pfandvertrag in der Tat zu verlängern.

»Und – was macht Ihr Sohn?« Die Frage konnte ich mir nicht verkneifen.

»Er ist mit einer Strafe auf Bewährung davongekommen. Gott sei Dank! Und meinen Schmuck, den kriege ich hier auch bald wieder raus. Ich habe meinen Sohn dazu verdonnert, die 3000 Euro bei mir abzustottern. Damit er auch was aus dem Ganzen lernt«, erklärte sie mit ernstem Blick. »Noch mal will ich meinen Schmuck nicht versetzen müssen.«

Wenn Eltern ihre Sachen *für* die Kinder beleihen, ist ja noch alles in Ordnung. Richtig unangenehm wird die

Lage für uns, wenn Eltern Besitztümer *von* ihren Kindern versetzen, zum Beispiel Spielkonsolen. Aber bevor wir technische Geräte annehmen, vergewissern wir uns, dass sie auch wirklich funktionstüchtig sind. Die Kunden müssen ihre Fernseher, Notebooks oder Playstations vor unseren Augen zum Laufen bringen. Und wenn sie nicht wissen, wie die Spielkonsolen ihrer Kinder funktionieren, bringen sie ihre Kleinen zu Demozwecken mit. Die sind meist zwischen acht und zwölf Jahre alt und tun mir richtig leid. Sie jammern und heulen natürlich, was das Zeug hält. Eine Mutter beschwor mich: »Nun sagen Sie meinem Sohn doch, dass er die Konsole wieder zurückbekommt!«

»Verzeihen Sie, aber das hängt doch nicht von mir ab«, entgegnete ich. »Natürlich kann er sie wieder zurückbekommen. Aber nur, wenn Sie sie auslösen!«

»Ach, kommen Sie schon. Jetzt sagen Sie ihm —«

»Nei-hein!«

Falsche Versprechungen sind nicht mein Ding. Für solche Fälle halte ich hinterm Tresen lieber kleine Tütchen mit Gummibärchen bereit. Das ist zwar zugegebenermaßen kein adäquater Ersatz für eine Playstation, aber zumindest beruhigt der Zucker die jungen Nerven und lindert so den Trennungsschmerz ein wenig.

Ich mag Kinder. Ich kann es allerdings nicht leiden, wenn sie auf meinem Tresen sitzen und mit ihren kleinen putzigen Händchen die ganze Glasscheibe verschmieren, die mich von meinen Kunden trennt. Es gibt tatsächlich Eltern, die denken, sie bekämen von mir eine Art Niedlichkeitsbonus, wenn sie ihren Nachwuchs mitbringen und ihn neben den zu beleihenden Gegenstand auf die Theke legen. Diese Erzeuger behaupten dann, dass sie dringend Geld bräuchten, weil das Kind so einen Hunger habe, und erwarten, dass ich deswegen gleich noch ein paar Euro drauflege. Ich frage mich in solchen Fällen, warum sie überhaupt das Geld für irgendwelchen Schnickschnack ausgegeben haben, den sie jetzt zu mir tragen, wenn sie so arm dran sind. Warum haben sie nicht gleich Essen gekauft? Wer die Kohle lieber für den neuesten hochauflösenden LCD-Flachbildschirm ausgibt, statt sein Kind satt zu machen, handelt verantwortungslos.

Wie auch immer: Bei mir im Pfandleihhaus bringt die Niedlichkeitstaktik gar nichts. Außer eben ein paar Gummibärchen.

Es ist nicht alles echt, was glänzt

Ein Pfandhaus ist wirklich kein guter Ort, um Diebesgut loszuwerden. Besser gesagt: Es ist einer der schlechtesten. Denn jeder, der bei uns etwas abgibt, muss sich
per Personalausweis oder Pass identifizieren. Diese Papiere werden auch nicht mehr nur wie früher kopiert,
sondern abfotografiert. Dafür haben wir eine spezielle
Digitalkamera, die jedes Detail haargenau festhält. Ver-
wechslung? Unmöglich! Und welcher Dieb wäre schon
bereit, neben der Beute auch alle seine Daten zu hinterlassen? Es überrascht mich immer wieder, dass es trotz
dieser widrigen Umstände trotzdem Halbseidene gibt,
die genau das tun.

Meinen Kunden gegenüber gilt für mich prinzipiell
die Unschuldsvermutung. Wenn ich sie alle unter Ge-
neralverdacht stellen würde, könnte ich mein Geschäft
gleich zumachen. Nur, weil mir einer komisch vor-
kommt, muss er noch lange kein Krimineller sein. Die
Statistik gibt mir und meinem Urvertrauen recht: 99,8
Prozent unserer Kunden sind ehrlich. Und die restlichen
0,2 Prozent schnappt sich die Polizei. Die Gesetzeshüter
statten allen Leihhäusern regelmäßig Besuch ab, in der
Hand eine Liste mit gestohlenen Gegenständen, die sie
suchen. Wir schauen dann im Computer nach, ob es
Übereinstimmungen gibt.

Einmal fahndete die Polizei nach einer geklauten hochwertigen Nikon-Kamera. Das ging schnell, weil der Besitzer sogar die Individualnummer des Gerätes parat hatte; je mehr Infos der Bestohlene den Männern in Grün liefern kann, desto besser. Wir fanden die Kamera ruck, zuck in unserem System. Beweis Nummer zwei folgte, als einer der Beamten den Apparat einschaltete und auf dem Display die Fotos des eigentlichen Besitzers erschienen. Der Dieb hatte sie nicht gelöscht – ein weiteres Zeichen dafür, dass er nicht besonders clever war.

Auf den Bildern war der Familienvater aus Hamburg zu sehen, der während eines Münchenbesuchs zähneknirschend die Diebstahlanzeige erstatten musste: lächelnd auf dem Marienplatz, im Englischen Garten, am Nymphenburger Schloss und schließlich mit Frau und Kindern hinter mehreren Tellern voll Schweinsbraten und Knödeln im Hofbräuhaus. Dort hatte das Nordlicht anscheinend dem bayrischen Bier so kräftig zugesprochen, dass er das Verschwinden seiner Kamera beim Verlassen des Münchner Wahrzeichens zunächst nicht bemerkte. Erst im Hotel war ihm aufgefallen, dass die Nikon fehlte.

Der Dieb, der das 600 Euro teure Gerät bei uns verpfändet hatte, gab nachher zu, am Nebentisch gesessen zu haben. Er war es sogar, der das nette Schweinsbraten-Familienfoto gemacht hatte … Dreister geht es kaum.

Für die bayrische Polizei war der Fall schnell gelöst, oder vielmehr gleich zwei. Denn die Beamten lieben ja Statistiken, und die sollen möglichst positiv ausfallen. Um das zu erreichen, gibt es angeblich eine – natürlich inoffizielle – Methode: Wenn die Uniformierten einen Vorgang wie diesen erfolgreich aufklären, machen sie daraus auf dem Papier gleich zwei Vorfälle: Zum einen ist es Diebstahl wegen der geklauten Kamera, zum zweiten Betrug, weil der Kriminelle den gestohlenen Gegenstand zu uns gebracht hat. Bleibt die Tat allerdings ungeklärt, taucht der Fall nur als einzelnes Delikt auf. Da muss man sich nicht wundern, dass die Kriminalstatistik in Bayern so blendend ausfällt.

Für uns bedeutet ein solcher Vorfall oft jede Menge Ärger, der damit beginnt, dass das Diebesgut von der Polizei sichergestellt wird. Denn für die Vorgehensweise danach gibt es keine einheitliche Rechtsprechung. Einige Gerichtsurteile besagen, dass wir Pfandleiher das Diebesgut kostenlos an den Besitzer zurückgeben und dann den Straftäter auf Schadensersatz verklagen müssen. Andere wiederum legen fest, dass der Besitzer das Pfand bei uns auslösen und den Dieb belangen muss. Der Verband der Pfandleiher empfiehlt, jeden Fall durch alle Instanzen bis ans bittere Ende auszufechten. Ein solcher Prozess kann Jahre dauern. So lange bleibt das Pfand sichergestellt. Wenigstens können wir die Prozesskosten als Betriebskosten voll von der Steuer absetzen.

Viele Geschädigte haben aber keine Lust, sich so lange rumzustreiten und auf ihr Hab und Gut zu warten. Im Fall des Kameradiebstahls hat der Besitzer sein Schätzchen für die Beleihungssumme von 150 Euro einfach ausgelöst. Mein bester Tipp dazu: Man sollte halt gut aufpassen auf seine Sachen – auch im vermeintlich sicheren München.

Aber das ist nicht immer einfach. Besonders dann nicht, wenn man gerade auf Wolke Sieben schwebt. Vor etwa vier Jahren wurde einer hübschen jungen Bankerin ein Goldarmband mit Smaragden und Saphiren gestohlen, das schließlich bei uns landete. Eine pikante Geschichte, die laut Beamtendeutsch als »Beischlafdelikt« bezeichnet wird. Die Details erfuhr ich von meinem Anwalt, da wir eine Schadensersatzforderung stellen mussten.

In so einem Fall erhalte ich Zugriff auf die Akten. Beim Durchblättern des riesigen Stapels amüsierte ich mich köstlich. Ich schaue mir Gerichtsunterlagen generell mit großem Vergnügen an, weil ich insgeheim gerne Rechtsanwalt geworden wäre. Ich bin wissbegierig und ein Streithansel – die idealen Voraussetzungen für diesen Job! Aber bei manchen Geschichten kann ich nur noch den Kopf schütteln. Haben diese Menschen überhaupt noch einen Funken Verstand im Hirn?

Beischlafdelikte sind typische Wochenendvergehen: Irgendwer reißt irgendwen in einer Disco auf, nimmt ihn oder sie mit nach Hause und wundert sich dann, wenn der Gast beim Abschied am Morgen danach etwas mitgehen lässt. In vielen Fällen passiert gar nichts, weil die Betroffenen viel zu gschamig (auf Hochdeutsch: schamhaft) sind.

Nicht so in diesem Fall: Die 22-jährige Bankangestellte hatte nach eigenen Aussagen einen »tollen Abend« im berühmt-berüchtigten Nachtclub P1 hinter sich und dort an der Bar einen »Typen mit Lockenkopf« kennengelernt. In den frühen Sonntagmorgenstunden lud sie ihn zu sich nach Hause ein und fiel nach einem Schäferstündchen in tiefen Schlaf. Als sie am Nachmittag erwachte, war nicht nur der Kerl aus dem Bett verschwunden, sondern auch ihr Armband vom Nachttisch. Wutentbrannt lief sie aufs Revier, um den Täter anzuzeigen.

»Wie heißt er denn?«, wollte der Beamte berechtigterweise wissen. Da wurde die Blondine blass. Sie grübelte kurz und stotterte dann: »Peter, glaube ich.«

»Und weiter?«

Betretenes Schweigen, dann: »Weiß ich nicht.«

Immerhin kannte die Dame den vollen Namen eines Bekannten ihres Beischläfers. Der gab auf polizeilichen Druck hin die Identität des verführerischen Diebes preis. Und so kam auch recht zügig raus, dass das Schmuckstück inzwischen bei uns lag. Der Langfinger musste uns schließlich das Geld für den Armreif zahlen, bekam aber, soweit ich mich erinnere, keine weitere größere Strafe. Denn was er getan hat, ist kein schwerwiegendes Delikt: Er war weder eingebrochen, noch hatte er Gewalt verübt. In dem Moment, in dem man einem Menschen den Schlüssel zur eigenen Wohnung überreicht oder ihm Zugang dazu verschafft, handelt es sich nicht unbedingt um Diebstahl, wenn jener dort was mitgehen lässt. Oft fällt ein solcher Vorfall in die Kategorie Unterschlagung – ein geringeres Delikt.

Auch eine Putzfrau aus Osteuropa, die wir fünf Jahre lang in unserer Kundenkartei führten, nutzte ihr Zugangsrecht schamlos aus. Mit ihr hatte es nie Ärger gegeben: Sie brachte Schmuck und andere Wertgegenstände, holte aber immer alles wieder fristgerecht ab. Bis eines Tages die Polizei vor uns stand und die Juwelen suchte, die die Dame zuletzt bei uns gelassen hatte.

Was war passiert? Einige Wochen zuvor hatte die Frau eine Stelle bei einem vermögenden Ehepaar in Starnberg angetreten. Laut der Gerichtsakten waren die Arbeitgeber erfolgreiche Unternehmer und sollten daher eigentlich über eine gewisse Lebenserfahrung verfügen. Trotzdem hatten sie in ihrer 15-Zimmer-Villa Schmuck und Bargeld in verschiedenen Währungen einfach frei herumliegen lassen – und das bei wechselndem Reinigungspersonal! Wie waren die beiden eigentlich so reich geworden …?

Am Ende gaben die feinen Herrschaften natürlich allen anderen die Schuld für die Misere: der Putzfrau, der Firma, die die Putzfrau geschickt hatte, den Bekannten, die die Firma empfohlen hatten, und natürlich uns, weil wir das Diebesgut angenommen hatten. Es gab einen riesigen Rabatz samt Prozess gegen uns. Aber wir haben in allen Instanzen gewonnen, und die Starnberger mussten letztendlich ihren Schaden selbst tragen. Zu Recht, denn sie hatten ihn in meinen Augen selbst mit verschuldet.

Natürlich tun wir alles, um Kriminellen ihr Handwerk so schwer wie möglich zu machen. Wir nehmen zum Beispiel nur noch hochwertige Handys mit einem Neuwert ab 800 Euro an – und dann auch nur mit zugehörigem Ladegerät und Verpackung. Würden wir Mobiltelefone ohne Ladegerät beleihen, könnten wir pro Tag bis zu 200 Geräte in die Regale legen! Handyklau ist ja auch denkbar einfach: Die Leute haben ihr Telefon immer dabei – ob im Freibad, am Restauranttisch oder auf der Bahnfahrt. So bieten sich Dieben unermesslich viele Gelegenheiten, um unbemerkt zuzugreifen. Früher war es ähnlich mit Autoradios – uns wurden täglich Hunderte angeboten! Aber seit sie heutzutage meist schon in den Bordcomputer integriert sind und es abnehmbare Frontabdeckungen gibt, kommen solche Geräte kaum noch bei uns rein.

Natürlich gehört es zu meinem Job, mir jedes Angebot, das bei uns auf dem Tresen landet, ganz genau anzuschauen. Selbstverständlich werde ich stutzig, wenn eine Frau eine Armbanduhr anbietet, die angeblich ihre eigene ist, ihr aber gar nicht passt, oder wenn mir einer »seinen« Laptop bringt, dessen Passwort jedoch nicht kennt. »Das habe ich vergessen« – bei so einer Begründung komplimentiere ich die Gestalt gleich wieder hinaus.

Denn die Kunden müssen Codes und PIN vor unseren Augen aus den Geräten entfernen, für den Fall, dass das Pfand unterm Auktionshammer landet. Auch bei diesem Vorgang kommt es immer wieder zu Überraschungen. Viele haben nämlich keine Ahnung, wie man die Daten löscht. Dann sage ich: »Sie haben den Code ja auch irgendwann reingemacht. Da müssen Sie doch wissen, wie er wieder rausgeht, oder?«

»Aber das war ich nicht«, lautet dann die Standardausflucht.

»Ja, ist es denn überhaupt Ihr Gerät?« Nach dieser Frage verdrücken sich manche kleinlaut.

Einmal kam einer reingestürmt, Anfang zwanzig, blass, irrer Blick. »Haben Sie gestern einen Laptop angenommen?«, wollte er wissen.

»Guten Tag, der Herr«, antwortete ich, um die gebräuchlichen Umgangsformen zu wahren. »Wenn Sie's genau wissen wollen: Wir haben nicht einen, sondern zehn angenommen.«

»Einer davon gehört mir. Er ist mir gestohlen worden.«

»Das mag stimmen. Aber was soll ich jetzt tun?«

»Lassen Sie mich in Ihren Tresorraum. Ich suche ihn mir dann raus. Ich weiß ja, wie er aussieht.«

Aber klar doch, ich lasse jeden Vorbeilaufenden in meinen Regalen stöbern – unfassbar, dass manche Leute so was wirklich denken. Auf keinen Fall kommt mir irgendwer einfach so hinter den Tresen und in unsere Lagerräume!

Doch der angebliche Computerbesitzer ließ sich von mir nicht so leicht abwimmeln.

»Dann gehe ich zur Polizei!«, drohte er.

»Das würde ich Ihnen sowieso empfehlen, wenn Ihr Laptop gestohlen wurde. Vielleicht haben Sie ja sogar eine bestimmte Person in Verdacht?«

»O ja, ich weiß genau, wer es war«, donnerte mein Gegenüber.

»Haben Sie einen Namen?«

»Das nicht. Aber er hat schwarze Haare, trägt eine Jeans und eine Lederjacke.«

Ich kann mir in solchen Fällen einen Hauch von Ironie nicht verkneifen. »So ein Personenkreis ist hier häufiger vertreten«, antwortete ich grinsend. »Aber ich fürchte, wenn Sie keine weiteren Anhaltspunkte haben, wird es für die Polizei schwierig werden.«

War er wirklich beklaut worden? Oder handelte es sich nur um eine Masche, mit der er sich einen Laptop ergaunern wollte? Ich weiß es nicht. Aber der Kerl ist bis heute nicht mehr aufgetaucht.

Lustig sind auch die Bundesliga-Samstage, an denen mittags ganz aufgeregt junge Männer auftauchen, die dringend ihren Flatscreen abholen wollen.

»Haben Sie einen Pfandschein?«, frage ich.

»Der ist weg.«

»Dann brauche ich Ihren Ausweis.«

»Den habe ich gerade nicht dabei. Aber Sie kennen mich doch! Ich war doch schon mal hier. Mein Flatscreen ist der von Samsung.«

»Davon stehen bei uns einige.« Fast fünfzig, um genau zu sein.

»Meinen erkenne ich auf einen Blick.«

»Das kann schon sein, aber um Ihnen den aushändigen zu können, müssen Sie nachweisen, wer Sie sind.«

Kaum zu glauben, was ich mit manchen Leuten für Diskussionen führen muss, weil sie so etwas nicht begreifen. In einem Tanzschuppen bekommt man noch nicht mal seine Jacke zurück, wenn man den Garderobenschnipsel verloren hat. Wie kann man dann allen Ernstes glauben, dass ich einfach einen Fernseher rausrücke – ohne Pfandschein, ohne Ausweis.

»Das ist aber uncool«, kommt dann meist zurück. Uncool ist aber was ganz anderes. Uncool ist das, was die versuchen: Viele von ihnen wollen nämlich innerhalb der Familie klauen. Sie wissen, dass der Bruder, die Tante oder der Onkel ein Gerät im Pfandleihhaus haben, kennen dieses auch und wollen uns das abluchsen. Nicht mit mir – keine Chance!

Das habe ich auch zu den beiden Herren im feinen Anzug gesagt, die eines Tages vor mir standen. Sie hatten ein altes barockes Gemälde dabei und einen ganzen Satz Zertifikate – angeblich von irgendwelchen Professoren aus Madrid. In der Tat kam mir das Ganze spanisch vor: Ich konnte das Kunstwerk vor Ort nicht auf seine Echtheit überprüfen, und das Bild wie auch seine angeblichen Besitzer waren mir nicht geheuer. Ich lehnte das Pfand ab. Mir ist es lieber, 20 000 Euro für Goldschmuck oder schöne Diamanten auszugeben, deren Echtheit ich selber testen kann. Außerdem nehmen solche Pretiosen auch weniger Platz weg als großformatige Malereien.

Wenn es nur nach dem Platz ginge, hätte ich freilich das Angebot des folgenden Kunden unbedingt annehmen müssen. Sein Pfand hätte genau null Raum beansprucht! Denn es handelte sich lediglich um eine Idee – eine völlig utopische noch dazu. Der Typ war um die dreißig, trug viel schwarzes, ungekämmtes Haar auf dem Kopf und machte optisch einen leicht verwirrten Eindruck. Er war felsenfest davon überzeugt, dass er das perfekte System für die Gewinngarantie am Roulettetisch gefunden habe, und öffnete ein kleines schwarzes Büchlein, das er mir unter die Nase hielt: »Da, schauen Sie«, forderte er mich euphorisch auf.

Die Seiten waren gefüllt mit unleserlichem Bleistift-gekrakel und unendlichen Zahlenkolonnen.

»Ich brauche nur ein Startkapital von 5000 Euro, dann geht's richtig ab«, versprach er. Diese Summe sollte ich ihm zur Verfügung stellen.

»Kein Problem«, erwiderte ich. »Sie müssen mir nur einen Gegenstand geben, den ich beleihen kann.«

»Aber Sie haben doch schon was: meine Idee!«

In den folgenden Minuten versuchte er, mich mit einem endlosen Redeschwall davon zu überzeugen, sein Geschäftspartner zu werden. Ich müsse ihm nur das nötige Geld vorstrecken und wäre nachher auch mit fünfzig Prozent an allen Gewinnen beteiligt. Als Sicherheit würde er mir das Büchlein dalassen. Zur Not könne ich sein System ja auch selber anwenden und damit reich werden.

Ich hielt lieber meinen Mund. Auf eine Diskussion mit diesem Genie wollte ich mich erst gar nicht einlassen. Darum stellte ich nur eine Frage, die seine tolle Idee leider sofort platzen ließ: »Sagen Sie mal, wenn Ihr System so perfekt ist – warum stehen Sie dann eigentlich hier und fragen nach Geld?«

»Also ...«, setzte er an, aber dann kam nichts mehr, und er zog mit gesenktem Kopf ab. Ich hoffe für ihn, dass er sich von Roulettetischen ferngehalten hat.

Das war nicht das einzige unmoralische Angebot, das ich in den letzten Jahren erhalten habe. Ich erinnere mich noch genau an einen Herrn um die sechzig, der uns besuchte, nachdem ein Fernsehsender eine kleine Geschichte über unser Pfandleihhaus gebracht hatte. Kein vornehmer Mann, sondern eher ein kracherter, wie wir in Bayern sagen, also von derbem Naturell. Er kam rein und legte gleich los:

»Na, wie schaut's aus? Ich hab Sie im Fernsehen gesehen. Sie ham a guat's Geschäft. Brauchen's a Geld?«

Um meine ständig steigenden Kreditvergaben zu refinanzieren, leihe ich mir durchaus nicht nur bei Banken Geld, sondern auch bei Privatpersonen, denen ich einen lukrativen Zinssatz anbiete. Auf den war wohl auch der Herr scharf.

»Sie zahlen doch gute Zinsen, oder?«

»Ja«, antwortete ich. »Darüber können wir reden.«

»Naaa, da müss ma ned drüber reden.« Er knallte mir einen ledernen Aktenkoffer auf den Tresen und ließ die goldfarbenen Verschlüsse aufspringen. Der Koffer war randvoll mit 500-Euro-Scheinen! Blitzschnell machte ich den Deckel wieder zu – weil die anderen Kunden sofort Stielaugen bekamen.

»So geht das nicht«, klärte ich ihn auf. »Sie können mir gerne ein Darlehen geben und erhalten dann von mir die entsprechenden Zinsen. Das ist kein Thema. Aber das Geld muss von Konto zu Konto wandern und wir müssen einen Vertrag aufsetzen. Das Bargeld hier nehmen's bitte gleich wieder mit!«

»Ja, mei, was san denn Sie für einer? Des kumma doch auch unkompliziert machen …«

»Nein, das können wir leider nicht.«

»Wos is des bloß für eine Welt geworden heit?«, maulte der Mann, schnappte sich seinen Geldkoffer und verließ den Raum. So läuft das: Wem meine Geschäftspraktiken nicht passen, der muss einpacken.

Aber trotz aller Vorsicht sind meine Kollegen und ich auch schon Betrügern auf den Leim gegangen. Es gab da diesen Fotografen. Er war zwei Jahre lang Stammkunde bei uns und hatte drei verschiedene Kameraausrüstungen, die immer in denselben Alu-Koffern steckten. Manchmal war eine davon bei uns, manchmal zwei, zuweilen auch alle drei. Es kam sogar vor, dass er am Tag zwei-, dreimal kam und sein Equipment holte oder brachte. Er hat sich immer eingeschleimt und Witzchen gemacht mit dem Personal. Damals saß bei uns noch eine Dame hinterm Schalter, die gerne zu Scherzen aufgelegt war. Die beiden verstanden sich gut – zu gut. Denn so passierte das, was nie hätte passieren dürfen: Eines Tages holte der Fotograf in der Frühe den einzigen Koffer ab, den wir gerade für ihn aufbewahrten. Kurz vor Geschäftsschluss rauschte er dann noch mal rein. Es sei etwas dazwischengekommen, er bräuchte die Ausrüstung doch nicht. Weil die Mitarbeiterin so vertrauensselig war, hat sie ihn den Koffer einfach ungeöffnet über den Tresen schieben lassen und den üblichen Pfandkredit ausgezahlt: 3000 Euro.

Wochen vergingen, und wir wunderten uns schon, dass der Stammkunde plötzlich nicht mehr vorbeikam. Dann stand schließlich die Versteigerung an, vor der ich mir die Kamera noch einmal genau anschauen wollte. Doch als ich den Koffer öffnete, war in den Schaumstoffeinlagen nichts außer ein paar Sandsäcken!

Ich schrieb den Fotografen zunächst an. Der ungefähre Wortlaut meines Briefes: »Sie geben mir das Geld zurück und die Sache ist erledigt. Ansonsten Strafanzeige und das volle Programm.« Ich war bereit, ihm noch eine Chance zu geben. Doch mein langjähriger Kunde meldete sich nicht.

Mir blieb nichts anderes übrig, als ihn anzuzeigen. Wochen später rief mich der zuständige Polizeibeamte an: »Lassen Sie's«, meinte er nur. »Sie sind noch einer der kleineren Fische. Der hat viel größere Schäden angerichtet.« Die Polizei hatte den fotografierenden Betrüger bundesweit gesucht und letztendlich in Hamburg gefunden.

»Hat es Sinn, ihn zu verklagen?«, fragte ich recht hoffnungslos.

Die Auskunft des Beamten klang wenig tröstlich.

»Der Mann hat eine ganze Latte an Betrugsverfahren am Hals, da geht's um ganz andere Summen. Bei dem ist nichts mehr zu holen.«

Also zahlte ich 3000 Euro Lehrgeld. Und meiner gutgläubigen Mitarbeiterin schrieb ich eine Abmahnung. Man kann sich ja mal täuschen und auf falsches Gold reinfallen, dafür gibt es keine Abmahnung, sondern einen halbstündigen Vortrag, wie man es besser machen kann. Aber Schlampereien? Die sind in einem Geschäft, wo es um so viel Geld geht, einfach unverzeihlich.

Also: Lieber einmal zu oft prüfen als einmal zu wenig.

In den 80er Jahren bot mir einmal ein Herr fünfzig

Silberbarren an, je ein Kilo schwer. Eine solche Menge bedeutet immer ein großes Risiko. Daher kündigte ich dem Besitzer an: »Einen muss ich durchsägen. Und zwar einen, den ich mir selber aussuche. Entweder Sie lassen sich darauf ein, oder ich lasse den Deal. Wenn sich herausstellt, dass der eine aus echtem Silber besteht, nehme ich alle.«

So haben wir es dann auch gemacht. Ich wählte einen der Barren aus und brachte ihn zum Goldschmied. Beim Durchsägen stellte der fest: Der Barren war tatsächlich unecht! Unter einer etwa einen Zentimeter dicken Schicht aus Silber verbarg sich ein Kern aus Blei. Der Besitzer reagierte total schockiert. Er war selbst auf einen Betrüger reingefallen, ohne es zu ahnen.

Das Gleiche gibt es auch bei Gold: Weltweit werden Barren mit einem Kern aus Wolfram hergestellt. Dieses Metall hat nämlich fast das gleiche spezifische Gewicht wie Gold. Man geht davon aus, dass in vielen Tresoren, selbst in denen von Banken, solche vergoldeten Mogelpackungen liegen. Ähnlich wie in einigen Museen dieser Welt falsche Picassos oder Chagalls hängen.

Gerade bei Schmuck kommt so etwas häufig vor. Ob es sich um eine Fälschung handelt, kann man bei einigen Stücken erst einwandfrei feststellen, wenn man sie durchschneidet. Trickbetrüger versuchen etwa, stark vergoldeten Messingschmuck an Autobahnraststätten loszuwerden – darum nennt man ihre Ware »Autobahngold«. Seit den 70er Jahren setzen sie auf die immer gleiche Masche: Sie gaukeln dem Fahrer an der Nachbarsäule vor, ihr Tank sei leer, genau wie ihre Geldbörse. Sie bräuchten aber dringend Bargeld für Benzin. Dann streifen sie sich ein goldenes Panzerarmband vom Arm und verkünden: »Das hat einen Goldwert von über 1000 Euro! Für fünfzig Euro gehört es Ihnen!« Natürlich ist so ein Imitat noch nicht mal fünfzig Euro wert. Das ist reiner Schrott – mit Goldschicht.

Leider kommen mir heutzutage immer häufiger Fälschungen unter. Im Internet kann man in Hongkong nachgemachte Uhren von Seiko bis Patek Philippe bestellen und sich per Post nach Deutschland schicken lassen. Eine Rolex aus Stahl kostet nur 400 Euro, fürs echte Modell würde man zehnmal so viel hinlegen. Da sind dann sogar Uhrenbox, gefälschtes Zertifikat und die passende Rechnung mit dabei. Diese Markenpiraterie ist für uns natürlich schwierig. Viele Leute sehen diese Fälschungen als neue Geschäftsidee: Sie kaufen die Uhren billig ein und denken, sie könnten damit bei uns Gewinn machen.

Aber es gibt viele Merkmale, diese Fälschungen zu entlarven, wie zum Beispiel das Gewicht oder bestimmte optische Feinheiten. Wirklich sicher kann man nur sein, wenn man die Uhr öffnet. Denn das Innenleben lügt nicht. In unklaren Fällen machen wir das, natürlich nur mit Erlaubnis der Kunden. Es gibt einige, die gleich betonen: »Überhaupt kein Problem!« Andere sperren sich auf Teufel komm raus dagegen. Die schicken wir dann samt Uhr wieder nach Hause.

Denn das ist unsere Maxime: Im Zweifelsfall ablehnen. Das gilt für hochwertige Montblanc-Kugelschreiber ebenso wie für Hummel-Figuren oder Dupont-Feuerzeuge. Denn es gibt heute nichts mehr, was nicht gefälscht wird.

Einige Imitate erkenne ich auf den ersten Blick. Dazu gehört eine bestimmte Sorte von Ringen, die gerne auf

Flohmärkten verkauft wird. Diese Ringe bestehen aus vergoldetem Messing; es gibt etwa fünf oder sechs verschiedene Modelle, alle sehr schlicht. Innen drin prangt ein schöner Goldstempel. Aber so einen Stempel kann man kaufen, den kann ich mir sogar auf die Stirn drücken und behaupten, die sei aus Gold, das wäre ungefähr dasselbe. An manchen Tagen kommen bis zu zehn Leute mit solchen Ringen bei uns rein. »Sie wissen doch selbst, dass das kein Gold ist«, sage ich, wenn der Kunde mal wieder einer meiner Pappenheimer ist, von denen ich weiß, dass ich vorsichtig sein muss.

Wenn Menschen geldgierig sind, aber keine Ahnung von der Materie haben, auf die sie sich einlassen, wird es problematisch. Diese Gier nach Schnäppchen und ihre fatalen Folgen erlebe ich immer wieder, sie geht durch alle Bevölkerungsschichten. Ein Neukunde brachte mir mal Goldketten, die er auf dem Flohmarkt ergattert hatte. Es waren gleich sechs davon – für 200 Euro! Wären sie echt gewesen, hätte er ein Wahnsinns-Schnäppchen gemacht, denn der Wert hätte bei bis zu 3000 Euro gelegen. Für mich war allerdings nach einem kurzen Blick klar, dass die Ketten nur vergoldet und damit so gut wie wertlos waren.

»Der Flohmarkt ist natürlich auch genau der richtige Ort, um Goldketten zu kaufen«, bemerkte ich mit tadelndem Ton.

»Meinen Sie nicht, dass die echt sind?«, fragte er noch mal aufgeregt.

»Nein. Warum glauben Sie, dass jemand auf dem Flohmarkt Ketten für 200 Euro verkauft, wenn sie mehr als das Zehnfache wert sind? So etwas ist doch völlig unwahrscheinlich.«

»Ja, aber es hätte doch sein können ...«

Ich warf meine Stirn in Falten. »Spielen Sie lieber Lotto. Das ist lukrativer.«

Aber Fälschungen in diesem Preissegment betrachte ich noch als harmlos. Viel schlimmer sind die professionellen Imitate der organisierten Kriminalität. Die zu erkennen tun sich selbst Fachleute schwer. Zu Beginn meiner Pfandleiher-Karriere bin ich mal böse hereingefallen – ein teurer Anfängerfehler kam mich teuer zu stehen. Ich nahm eine Cartier-Uhr aus Weißgold mit einem mit Brillanten besetzten Armband in Zahlung. Neuwert: 120 000 Mark. Der Kunde hatte die Uhr allerdings schon gebraucht bei einem Juwelier gekauft, für 80 000 Mark. Den Kaufbeleg und das Original-Zertifikat von Cartier zeigte er mir. Er wollte 30 000 Mark, und so einigten wir uns schließlich auf 20 000 Mark.

Der Kunde kam allerdings nie wieder, und als ich mit der Uhr zu Cartier ging, erfuhr ich auch, warum: Ich war der Fälscher-Mafia aufgesessen. Denn die machen es so: Sie erstehen bei Cartier zwanzig bis dreißig günstige Weißgold-Uhren mit Lederarmband zum Sonderpostenpreis von etwa 4000 Mark pro Stück. Dazu erhalten sie natürlich ein echtes Cartier-Zertifikat. Diese Uhren werden dann nach Indien geschickt, wo Juweliere ein gefälschtes Cartier-Weißgold-Armband anfertigen, das mit Brillanten bestückt wird. Die Uhr sieht haargenau aus wie die echte von Cartier. In Deutschland suchen die Gauner anschließend irgendeinen Juwelier, am besten einen kleinen, den keiner kennt. Der stellt ihnen gegen einen gewissen Obolus ein Kaufzertifikat über 80 000 Mark aus. In der Herstellung kostet die Uhr insgesamt vielleicht 10 000 Mark – also nur ein Zehntel des Originalpreises für dieses Modell. Wenn dann ein Depp wie ich das Ding für 20 000 Mark beleiht, kann der Anbieter die Hälfte davon als Gewinn verbuchen. Nicht schlecht, oder?

Ich habe aufgrund meiner Berufserfahrung inzwischen einige Tipps parat, die dabei helfen, bestimmten Tricksern von vornherein aus dem Weg zu gehen. Sonst ergeht es einem so wie der braungebrannten Mittvierzigerin, die eines schönen Morgens zunächst noch strahlend unser Pfandhaus betrat. Sie hatte einen dicken Batikschal um ihre roten Locken gewickelt. »Ich war gerade in Thailand«, teilte sie mir mit, »und da habe ich diesen Ring her.«

Sie hielt ihn mir hin. Ein schöner Goldring mit einem großen Saphir und einigen kleinen Brillanten.

»Dafür bekommen Sie von mir 1000 Euro«, stellte ich nach einer kurzen Begutachtung fest.

»Was? Aber der ist doch viiiieeeel mehr wert!«

Die Dame schaute erschüttert. Den Ring habe sie in einer Schmuckfabrik erstanden, erklärte sie weiter. »Für 2000 Euro.« Man hatte ihr dort versprochen, dass das ein absolutes Schnäppchen sei und sie den Ring in Deutschland mindestens für das Doppelte wieder verkaufen könne. »Mit dem Gewinn hätte ich den teuren Thailand-Trip wieder raus gehabt«, jammerte die so geldgierige wie rotgelockte Kundin, die unter ihrer Urlaubsbräune ganz blass geworden war.

Ob in Thailand, in der Türkei oder anderen Urlaubsländern: Es ist immer das Gleiche. Nepper locken Touristen in Fabriken, weil die im Lagerhallen-Ambiente schneller das Gefühl kriegen, einen besonderen Deal machen zu können. Dabei würden sie in jedem deutschen

Schmuckgeschäft den gleichen Preis bezahlen – oder sogar weniger.

Ich kann nur allen ans Herz legen: Kaufen Sie Wertgegenstände immer nur in dem Land, in dem Sie leben, dessen Sprache Sie sprechen und wo Sie Ihre Rechte kennen. Im Urlaub geht es oft nach der immer gleichen Masche: Sie werden vom Verkäufer oder Strandhändler angequatscht. Seine erste Frage lautet: »Woher kommen Sie?« Dann folgt: »In welchem Hotel wohnen Sie?« Und während Sie denken: »Ach, die Menschen hier sind ja so freundlich …«, fängt er an, im Kopf den Preis für das Schmuckstück zu kalkulieren, das er Ihnen gerade unter die Nase hält.

Denn der ist schließlich variabel: Sie wohnen in Deutschland? Ah, gutes Land, Euro-Zone, dreißig Euro für den Ring, der so tut, als sei er aus Sterlingsilber. Sie haben in einem Viersternehotel gebucht? Da wandert der Preis noch mal um zwanzig Euro nach oben. Denken Sie dran: Der Verkäufer interessiert sich im Zweifelsfall nicht für Ihr Land und Ihre Kultur, sondern nur für Ihren Geldbeutel.

Ich habe für diese Fälle eine ganz einfache Abwehrtaktik entwickelt. Wenn mich im Ausland ein fliegender Händler fragt, woher ich komme, sage ich nur: »Albania«. Und schon stehe ich alleine da.

Essbares und anderes Getier

Lebensmittel nehmen wir nicht an. Wie sollte das auch gehen? Auf Verderbliches gibt es keinen Pfandvertrag. Die einzigen Früchtchen, die bei uns über den Tresen wandern, sind solche aus Gold oder Silber, mit funkelnden Edelsteinen besetzt. Ohrringe mit Rubin-Kirschen oder ein smaragdgrüner Apfel-Anhänger – solche Köstlichkeiten sind immer willkommen!

Würde ich allerdings behaupten, dass bei uns nie Essbares über den Tresen geht, wäre das glatt gelogen. Denn von einigen Stammkunden werden wir aufs herzlichste umsorgt. Viele denken ja, ein Pfandleihhaus sei ein Ort zum Zittern, eine Vorhölle, die man mit Schmuck betritt und weinend verlässt. Wenn ich mir meine Kunden so anschaue, sieht das jedoch ganz anders aus. Viele von ihnen sind unsagbar dankbar dafür, dass es uns gibt – weil sie hier schnell und unkompliziert an Geld kommen, das eine Bank ihnen niemals leihen würde. Da es bei uns logischerweise keine Möglichkeit gibt, Trinkgeld zu geben, zeigen sie uns ihre Zufriedenheit eben auf andere Art.

Wir haben zum Beispiel asiatische Kundinnen, die Imbisse oder Restaurants betreiben. Sie bringen uns ab und zu frischgebackene Frühlingsrollen oder eine Portion Sushi mit. Ältere Menschen schieben uns gerne Schoko-

ladentafeln rüber, oder Plätzchen, in der Vorweihnachts-
zeit. In den Adventswochen sind viele Geschenke flüs-
siger Natur: Meine Mitarbeiter und ich erhalten dann
als Dankeschön Hochprozentiges aus dem Heimatland
des Pfandbringers. Ein Türke schenkte uns gleich zwei
Flaschen Raki, allerdings nicht das softe Touristenzeug,
sondern den, den die Einheimischen trinken. Der hat gebrannt …

Mich freuen solche Aufmerksamkeiten auf jeden Fall.
Nicht nur, weil sie meistens munden, sondern auch, weil
sie ein Zeichen dafür sind, dass sich die Leute bei uns
gut behandelt fühlen. Und das ist mir wichtig.

Für Leckerbissen aller Art bin ich immer zu haben.
Ich gehöre zu den Genießern, wenn auch nicht im klas-
sischen Sinne. Ich esse verhältnismäßig gut, verhältnismäßig viel, aber auch verhältnismäßig schnell. Der
echte Gourmet nimmt sich Zeit für sein Mahl, ich aber
bin ein Hektiker. In feinen Restaurants nervt es mich
tierisch, wenn es lange dauert. Viele Menschen finden es
toll, wenn sie um acht Uhr den ersten Gang bekommen
und um Mitternacht das Dessert. Ich mag das überhaupt
nicht, da sag ich immer: »Ich hab's eilig!«

In meinem Beruf ist es von Vorteil, ein Schnellfraß
zu sein. Denn im Pfandhaus ist viel zu tun, und manchmal bleibt mittags gerade mal Zeit, um mir einen Döner
vom Imbiss nebenan zu holen. Der Inhaber ist irrsinnig
stolz, wenn ich komme, weil er meinen Namen kennt
und weiß, dass ich aus der Feinkost-Familie Käfer stam-
me. Wenn ich bestelle, bekomme ich immer eine extra-
große Portion mit frisch abgeschnittenem Fleisch. Die
Dönerbude läuft für mich geradezu zu gastronomischer
Höchstform auf …

Während ich ab und zu gerne mal sündige, verzichtete eine meiner Kundinnen fast zwei Jahre lang knallhart auf jede Nascherei. Als ich sie zum ersten Mal sah, wog sie 130 Kilo. Die Frau war erst Anfang dreißig, aber ich hätte sie locker 15 Jahre älter geschätzt. Nachdem sie die Treppen zu uns hinauf bewältigt hatte, japste sie nach Luft. Der Schweiß auf ihrer Stirn rann langsam über Gesicht und Hals und versickerte schließlich in ihrem unförmigen schwarzen XXL-T-Shirt, das sie über einem noch weiteren grauen Rock trug. Sie legte mir einen Goldring mit rotem Halbedelstein, eine goldene Brosche und eine Goldmedaille mit reichverzierter Fassung vor.

»Bitte, sagen Sie mir doch, was ich dafür kriegen kann«, bat sie mich mit sanfter Stimme.

Ich schaute mir alle drei Teile genau an. »300 Euro.«

Sie lächelte nur und packte den Schmuck wieder in die Handtasche. »Danke«, sagte sie und drehte sich weg.

»Ist Ihnen das zu wenig?«, rief ich ihr ob dieses kommentarlosen Abgangs hinterher.

»Nein, nein, das ist wunderbar. Aber es ist nur für den Notfall gedacht.«

Was damit gemeint war, fand ich erst ein Jahr später heraus. Denn da traf ich die Dame wieder, als ich mir gerade beim Bahnhofsbäcker ein Sandwich holte. Zunächst erkannte ich sie gar nicht, trotz meines guten Personengedächtnisses.

Ich stand in der Schlange und hatte den Blick auf belegte Semmeln und Kuchen gerichtet. Plötzlich sprach mich eine vorbeigehende Dame mit »Hallo, Herr Käfer« an.

Ich drehte mich um und hatte keinen blassen Schimmer, wer da vor mir stand. »Wir kennen uns doch!«, erklärte die junge Frau. »Ich habe letztes Jahr meinen Schmuck von Ihnen schätzen lassen. Ein Ring, eine Brosche und eine Goldmünze. Ich habe dann aber alles wieder mitgenommen.«

Langsam dämmerte es mir. Aber konnte das wirklich dieselbe Frau sein? Die Dame vor mir war wesentlich schlanker – und voller Energie. Sie trug eine lilafarbene Bluse, und ihre Bernsteinaugen leuchteten.

Bei meinem prüfenden Blick schmunzelte sie. »Ja, das geht mir oft so in letzter Zeit. Selbst alte Freunde erkennen mich nicht wieder. Ich habe 52 Kilo abgenommen! Und Sie haben mir sogar ein bisschen dabei geholfen.«

»Ich? Wie das denn?« Ich trat aus der Schlange heraus. Die Geschichte musste ich hören.

Die Erschlankte erzählte, dass sie kurz vor ihrem Gang ins Pfandhaus den Entschluss gefasst hatte, abzunehmen. »Mit Hilfe eines ambulanten Therapieprogramms im Krankenhaus. Ein Jahr lang habe ich eine Gruppe besucht und wurde von Sporttherapeuten und Ernährungsberatern gecoacht. Ich hatte einfach keine Lust mehr auf Crash-Diäten und den Jo-Jo-Effekt danach. Ich wollte endlich was, das wirklich hilft, und zwar auf Dauer. Das Problem war nur, dass meine Krankenkasse die Kosten nicht übernehmen wollte. 3100 Euro musste ich aufbringen! Gott sei Dank konnte ich die in Raten abzahlen.«

»Und was hat das Ganze nun mit mir zu tun?«

»Herr Käfer, nun seien Sie doch nicht so ungeduldig – Ihr Part kommt ja gleich. Also, weil ich Angst hatte, irgendwann mal eine Rate nicht zahlen zu können, wollte ich mir eine Art finanzielles Polster schaffen. Und darum brachte ich meinen kostbarsten Schatz zu Ihnen: den Schmuck, den mir meine Eltern zur Geburt geschenkt haben. Das ist bei uns in Jugoslawien so Brauch. Sie sagten mir zu, dass ich 300 Euro dafür bekommen könnte, und so wusste ich: Im Notfall bringe ich die Sachen zu Ihnen und kann die Rate zahlen. Das gab mir eine wahnsinnige Sicherheit. Letztendlich musste ich dann gar nicht wieder zu Ihnen kommen, das Geld reichte auch so. Aber trotzdem war dieses Gefühl der Sicherheit sehr wichtig für mich.«

»Das freut mich für Sie«, schob ich schnell ein, bevor sie voller Elan weiterberichtete.

»Und wissen Sie was? Ich habe zum ersten Mal im Leben einen Freund! Ich habe mich schon als Achtzigjährige alleine auf dem Sofa hocken sehen, aber jetzt gibt es jemanden, der neben mir sitzt. Ist das nicht toll?« Noch bevor ich ausweichen konnte, fiel sie mir um den Hals, drückte mich fest. »Danke noch mal«, sagte sie. »Und bitte nehmen Sie's mir nicht übel, aber hoffentlich auf Nimmerwiedersehen!« Sie drehte sich um und verschwand mit selbstbewusstem Hüftschwung Richtung U-Bahn. Eine wirklich süße Mittagspause – an deren Ende ich aus mir unerklärlichen Gründen zum Vollkornbrot mit Quarkaufstrich statt der Leberkäs-Semmel griff.

Ein anderes Mal hätte ich mir sehr gerne etwas Besonderes gegönnt, aber darauf hatte leider mein Kunde keine Lust. Er war mit vier Flaschen Bordeaux zu mir gekommen, und zwar aus einem wirklich wertvollen Jahrgang. 1000 Euro wollte der Herr in dem weinroten Samtjackett dafür haben.

»Die kann ich nicht nehmen«, musste ich ihn enttäuschen. »Wir haben keinen Klimaschrank.« Der wahre Grund war allerdings ein anderer: Ich traute dem Besitzer nicht. Schließlich gibt es immer wieder Geschichten über gefälschte Weine. Woher weiß ich denn, was wirklich in der Flasche ist? Und selbst wenn der Wein echt war – vielleicht war er ja zehn Jahre irgendwo in der Sonne gelegen und schon total verdorben.

»Kein Klimaschrank? Das macht nichts! In acht Tagen hole ich den Wein eh wieder ab«, warf er ein. Er wollte die Flaschen auf jeden Fall dalassen und schien meine diplomatische Ablehnung nicht zu verstehen. Daher wandte ich die Schocktaktik an: »Es gibt nur einen Weg, mit dem Sie mich überzeugen, den Wein doch zu nehmen: Sie köpfen jetzt eine Flasche, die wir dann gemeinsam trinken. Wenn mir der Wein schmeckt, bleibt er da und Sie bekommen Ihre 1000 Euro.«

Der Mann guckte, als habe ich seine hölzerne Weinkiste gerade genommen und vom ersten Stock aus auf die Bayerstraße geschmettert. »Ja, sind Sie denn des Wahnsinns? Auf keinen Fall!« Er krallte sich die Kiste und war schneller verschwunden, als ich bis drei zählen konnte. Ein Problem weniger.

Auch Champagner wird uns oft angeboten: Dom Perignon, Krug, Roederer … Aber die Besitzer können bei mir damit nicht landen. Denn es ist ja leider so, dass auch diese Flaschen samt Inhalt gerne gefälscht werden. Da ist dann irgendeine Flüssigkeit drin, bei der ich nicht ansatzweise das Bedürfnis spüre, sie auch nur zu probieren.

Bei manchen Kunden könnte man meinen, sie haben nicht nur eine Alkoholverkostung hinter sich. Die stinken so, als seien sie gerade aus einer Wanne voll Schnaps gestiegen! Es gibt einige Kneipiers, denen ich genau ansehe, dass sie in der letzten Nacht anscheinend ihr bester Kunde gewesen sind. Sie kommen gleich morgens zu mir und sind, angeheitert von den feucht-fröhlichen Stunden davor, besonders redselig.

»Also, ich brauch das Geld ganz dringend fürs Finanzamt«, erklärte einer leicht lallend, nachdem er mir eine schicke IWC-Uhr mit schwarzem Kroko-Armband in die Hand gedrückt hatte. Manchmal frage ich mich, ob die Leute mir so was erzählen, weil sie denken, dass sie dann mehr Geld von mir bekommen. Dabei ist es mir eigentlich egal, ob sie Geld fürs Finanzamt oder für einen neuen Fernseher brauchen, bei meiner Schätzung macht das keinen Unterschied. In diesem Fall war ich mir aber fast sicher, dass die 2000 Euro, die ich dem Wirt schließlich übergab, schnurstracks in die Hand eines Spirituosenhändlers wanderten. So viel, wie der alleine trank, brauchte er sicher dringend Nachschub.

Da sind mir die Köche lieber, die uns ihr Handwerkszeug überlassen, weil sie Geld für den Urlaub brauchen. Dabei handelt es sich meist um Koffer mit hochwertigen Messern, die mehrere Tausend Euro wert sind. Die wurden bis jetzt zu 100 Prozent wieder abgeholt.

Aber wir nehmen nicht alle Küchenutensilien. Es ist schon ein paarmal passiert, dass Leute Besteck abgeben wollen. An sich ist das kein Problem. Prekär wird es nur, wenn auf den schweren, geschwungenen Speiseutensilien der Schriftzug eines berühmten Münchner Fünfsternehotels prangt! Es gibt nur noch wenige gastronomische Betriebe, die echtes Silberbesteck verwenden, und die lassen dann eben ihren Namen darin eingravieren. Geklaut wird es trotzdem – von langfingrigen

Gästen, Auszubildenden oder gefeuerten Köchen. Diese Beute gewinnbringend loszuwerden ist allerdings ganz schön schwierig.

Theoretisch wäre sie viel wert: Ein Kilo Silber bringt ungefähr 700 Euro, für einen Platzteller aus dem edlen Material erhalten Kunden bei mir je nach Gewicht bis zu 100 Euro. Aber natürlich nur, solange darauf keine verräterische Gravur prangt!

Vor zwei Wochen erhielt ich einen höchst mysteriösen Anruf: »Beleihen Kochtopf?«, fragte eine krächzende Männerstimme am anderen Ende.

»Nein, wir beleihen keine Kochtöpfe.« Es sei denn, die Griffe sind mit Diamanten besetzt, fügte ich im Geiste hinzu.

»Aber Kochtopf unbenutzt!«

»Egal.«

»Originalverpackt, Kochtopf!«

»Völlig wurscht! Wir nehmen keinen Kochtopf.«

»Warum?«

»Hören Sie auf zu fragen, sonst koche *ich* gleich!«

Früher, nach dem Zweiten Weltkrieg, war das alles noch anders. Da wäre dieser Kerl seinen Kochtopf mit Kusshand in einem Pfandhaus losgeworden. Denn damals besaßen die Leute keinen Schmuck mehr. Die Gegenstände des täglichen Lebens waren das Wertvollste, was sie im Haus hatten. Zu der Zeit hätte man sogar Bettzeug beleihen können oder das Bügeleisen. All das gab es seinerzeit nämlich nicht gerade wie Sand am Meer. Im Gegensatz zu heute, wo einem an jeder Straßenecke ein chinesisches Bügeleisen für fünf Euro nachgeschmissen wird. Deswegen sind Leihhäuser jetzt anders gepolt als früher. Auch wir müssen mit der Zeit gehen. Uns interessieren nur Sachen, die im Moment der Pfandübergabe wertvoll sind.

Nach der Maueröffnung war es Kaviar. Da standen täglich irgendwelche Russen vor mir, die riesige Dosen davon aus ihren Rucksäcken zauberten. Ein echter Kaviar-Boom! Natürlich war das alles Schmuggelware, die ich allein deswegen nicht angenommen hätte. Aber natürlich weigerte ich mich auch, weil ich nur mit Hilfe eines Dosenöffners hätte herausfinden können, ob wirklich Kaviar drinsteckt, wo Kaviar draufsteht.

Aber die Leute bieten uns nicht nur Tierprodukte an, nein, sie wollen bei mir auch ihre lebendigen Tiere parken! In einigen Fällen handelt es sich dabei Gott sei Dank um ein Missverständnis; andere hingegen meinen es völlig ernst.

Vor einem Jahr rief mich eine Dame an. »Was beleihen Sie denn alles?«, wollte sie wissen.

»Machen wir's doch anders herum. Sagen Sie mir, was Sie haben, dann geht's schneller«, schlug ich vor.

»Ein Turnierpferd.«

»Bitte was?«

»Na, ein Turnierpferd. Ein Wallach, 13 Jahre alt, mit gutem Stammbaum.«

»Und den wollen Sie bei uns lassen?«

»Nein, den möchte ich beleihen.«

»Ja, genau. Aber meinen Sie, wir haben hier eine Koppel, oder was?«

»Ich hab irgendwie das Gefühl, wir reden aneinander vorbei.«

»Das glaube ich auch. Wissen Sie denn überhaupt, wie ein Pfandkredit funktioniert?«

Natürlich wusste sie es nicht.

»Ich war noch nie in so einer Notlage. Ich brauche aber jetzt dringend die Startsumme fürs nächste Turnier, und das letzte Preisgeld ist noch nicht auf meinem Konto.«

Ich atmete tief durch und erklärte meiner zukünftigen Kundin die Spielregeln.

»Ach, soooo ist das«, stöhnte sie am Ende meiner Ausführungen. »Ich dachte, es reicht, wenn ich Ihnen den Stammbaum als Pfand dalasse.«

»Nein, nicht ganz. Aber wie voll ist denn Ihr Schmuckkästchen? Lässt sich da nicht etwas finden, das Sie bei uns zu Geld machen können?«

Wenige Tage später brachte sie eine Goldkette mit einem schweren Anhänger zu mir – auch in Pferdeform. Dieser Vierbeiner war mir allemal lieber als sein lebendiger Kollege!

An einem Nachmittag im September 2010 kam einer rein mit einem Pferdesattel – zumindest dachte ich das im ersten Moment. Aber dafür war das Teil, das der hagere Mann mit dem amerikanischen Akzent auf meinem Tresen platzierte, eigentlich viel zu klein, da hätte höchstens ein Baby drauf Platz gehabt. Und auf was sollte das Baby denn reiten? Selbst für das zierlichste Pony wäre dieser Ledersattel zu winzig gewesen.

»So was habe ich ja noch nie gesehen«, gab ich zu. »Wofür ist denn so ein Mini-Sattel gut?«

»Den braucht man für Hunde-Rodeos. Wo ich herkomme, ist das ein beliebter Sport«, sagte der Kunde nur knapp.

»Wo kommen Sie denn her?«

»Aus Texas.«

Dass die Texaner auf Waffen stehen, wusste ich ja.

Aber auf Hunde-Rodeos? So ganz glaubte ich dem Ami die Story nicht. Und abgesehen davon: Wer würde mir so ein kurioses Teil abkaufen, sollte es zur Versteigerung kommen?

»Dafür kann ich Ihnen höchstens zwanzig Euro geben.«

»Was? Der Sattel ist wertvoll! Das ist echte Handarbeit und gutes Leder. Dafür müssen Sie mir mindestens 250 Euro auszahlen!«

»Das ist völlig indiskutabel.«

Er nahm den Sattel an sich und zog murrend ab. Mein Interesse hatte der Mann aber trotzdem geweckt. Ich googelte also den Begriff »Dog Rodeo«, und tatsächlich: Im texanischen Fort Worth gibt es so etwas wirklich! Da reiten Affen auf Collies durch die Arena – nicht gerade eine Veranstaltung nach meinem Geschmack. Ich musste wieder einmal feststellen: Es gibt nichts, was es nicht gibt.

Zum besonderen Erlebnis wurde die Begegnung mit einem Schäfer aus dem Umland. Ein uriger Typ. Den grünen, spitzen Filzhut hatte er sich tief ins sonnengegerbte Gesicht gezogen. Doch mein Blick fiel zuerst auf die grün-grau-braune Hose, die so dreckig war, dass man das Material nicht einmal mehr erahnen konnte. Aber das Schlimmste: Der Naturbursche roch wie eine ganze Schafherde! Der zünftige Duft wurde vom Kläffen eines Collies untermalt, der völlig hektisch im Raum herumwieselte. Er dachte wohl, die anderen Kunden seien seine Herde, und versuchte sie zusammenzutreiben. Die beteiligten Zweibeiner fanden das natürlich gar nicht witzig, eine blonde Frau ergriff sogar panisch die Flucht. Der Schäfer donnerte mir indes einen überdimensiona-

len Ring auf den Tisch, den er vorher am rechten Mittel-
finger getragen hatte. Dieser war aus massivem, 18-karä-
tigem Gold. Mittendrauf prangten echte Schafshörner,
so lang wie mein kleiner Finger. Waren es die seines
verstorbenen Lieblingstieres? Oder stammten sie vom
Urschaf der Herde?

Da der Mann ein ziemlich grimmiges Gesicht machte,
sparte ich mir die Nachfrage und begutachtete lieber
das Schmuckstück. Das Gewicht des Ringes schätzte ich
ohne die Hörner allein schon auf 100 Gramm.

»2000 Euro gebe ich Ihnen dafür.«

Seine missmutige Miene veränderte sich kein bisschen. »I brauch mehr.«

»Ja mei, dann bringen's halt noch so einen Ring her.«

»Wo denken's denn hi? Den gibt's nur einmal! Den
hob i mir nach der Schäferprüfung anfertigen loassen«,
knurrte er in tiefstem Bairisch.

»Haben Sie nicht noch andere Wertgegenstände?«

»I könnt Ihnen oans meiner Schoaf bringen. Oder
brauchen's vielleicht a Wolle?«

Ein Kopfschütteln meinerseits, und er verstand. Und
so blieben wir vor blökenden Vierbeinern verschont.
Allein die landschaftlichen Gerüche, die der Mann in
unsere Räume getragen hatte, haben uns gereicht. Aber
nachdem eine Kollegin Raumduft versprüht hatte, war
alles wieder gut. Seinen Ring löste der Schäfer zwei Monate später wieder aus.

An anderen Tagen würde ich am liebsten gleich zum
Mottenspray greifen: nämlich dann, wenn wieder jemand mit seinem Uralt-Pelz oder seinem Wolpertinger
vorbeikommt. Für alle Nicht-Bayern: Wolpertinger sind
Fabelwesen, die irgendwann einmal der Phantasie von

Tierpräparatoren entsprungen sind. Schon vor über 200 Jahren begannen sie, Körperteile verschiedener Tiere zu einer Kreatur zusammenzusetzen. So entstanden Hasen mit Entenflügeln oder Eichhörnchen, deren Kopf ein Geweih ziert. Es gibt Leute, die solche grotesken Geschöpfe auf dem Speicher finden und sie dann zu uns bringen. Aber da lege ich mein Veto ein. Man weiß ja nie, welche kleinen Kriecher man sich mit solchen ausgestopften Tieren noch mit ins Haus holt ...

Auch Rehbock-Geweihe und ähnlich folkloristische Deko-Elemente stehen bei uns auf der schwarzen Liste. Die würde ich nämlich bei einer Versteigerung nie loswerden! Die Leute trinken zwar heute gerne wieder Jägermeister auf Eis, aber die wenigsten von ihnen hängen sich noch ein Geweih an die Wand.

In die Kategorie »interessant« fällt definitiv auch der Besuch der alten Dame. Ganz vorsichtig stieg sie die Stufen zu uns hoch. Mit ihren Händen, die in feinen Häkelhandschuhen steckten, hielt sie ein unförmiges Etwas fest, über das sie einen Kissenbezug gestülpt hatte. Was uns da wohl erwartete?

Die Frau war eine Oma wie aus dem Bilderbuch: Sie trug Mittelscheitel und hatte ihre schneeweißen Haare im Nacken zum Dutt gebunden. Auf ihrer Nase saß ein altmodisches silbernes Brillengestell. Als sie ihr Mitbringsel auf dem Tresen platzierte, machte sich der Geruch von Mottenkugeln breit.

»Guten Tag«, flüsterte sie mit matter, kaum hörbarer Stimme. Ich musste mich vorbeugen, um sie zu verstehen – was schwierig war, denn vor mir stand das müffelnde Etwas im Kissenbezug.

»Ich muss Carlo bei Ihnen lassen«, eröffnete sie mir,

und ich sah hinter den dicken Brillengläsern eine Träne blitzen.

»Carlo?«

Sie zog langsam an einem Zipfel des Kopfkissenbezugs. Eine schwarze Schwanzspitze kam zum Vorschein, dann zwei schwarzweiße Pfoten, der Rücken – beim letzten Ruck stand eine stocksteife Miezekatze vor mir.

»Das ist Carlo«, erklärte die Besitzerin. »Mit zwölf ist er an Nierenversagen gestorben. Aber ich wollte ihn bei mir behalten und habe ihn deshalb präparieren lassen. Sein Fell glänzt immer noch genauso schön wie früher. Schauen Sie mal.«

Zärtlich tätschelte sie den Rücken des toten Katers. Mein Blick wanderte über das Tier und blieb schließlich an den froschgrünen Glasaugen hängen. Gruselig …

»Warum wollen Sie sich jetzt von ihm trennen?«, fragte ich.

»Sie sind ja gut, junger Mann. Von wollen kann keine Rede sein. Ich muss! Ich soll 200 Euro Heizkosten nachzahlen. Wie soll das denn gehen bei meiner kleinen Rente? So viel hab ich nicht.«

»Ich muss Sie leider enttäuschen. Carlo wird hier kein Zuhause finden, auch nicht auf Zeit. Wir nehmen keine ausgestopften Tiere an«, eröffnete ich ihr.

Die alte Dame beugte sich vor, schaute dem Kater tief in die Glasaugen: »Du hast nicht gewollt, dass ich dich weggebe, gell?« Dann wendete sie sich zu mir: »Das ist ein Zeichen von oben!« Dabei streckte sie ihren rechten Zeigefinger Richtung Decke. Sie packte Carlo, schob ihn unter die Achsel und schlurfte davon.

Ich griff erneut zum Raumspray.

Als Pfandleiher muss man schmerzlos sein. Da darf

es einen auch nicht aus dem Konzept bringen, wenn plötzlich eine Ratte aus dem Ledermantelkragen eines Kunden flitzt und sich dann auf dessen Schulter fiepend das Fell putzt. Zu uns kommen öfter Grufties, diese ganz in Schwarz gekleideten Gestalten. Das Gesicht ist weiß geschminkt, die langen Haare strähnig, und in den Augen tragen sie manchmal Kontaktlinsen, die die Iris dämonisch gelb leuchten lassen. Solche Typen halten sich keinen Kater Carlo als Haustier. Nein, sie haben die besagten Ratten dabei und lassen nur dann ihr diabolisches Schutzschild fallen, wenn ich sie auf ihren kleinen Begleiter anspreche. »Wie heißt er denn?«, fragte ich mal einen und schaute auf das graue Fellknäuel mit dem langen Schwanz.

Der Herr in Schwarz nahm das Tier ganz zärtlich in die Hand und antwortete zuckersüß: »Honigblume.«

Ich sage ja immer: Kaum einer ist tatsächlich so cool und abgebrüht, wie er nach außen hin wirkt – oder wirken will …

Ich wünschte, den gleichen Satz würde ich mit dem Wort »verrückt« auch bilden können. Aber das funktioniert leider nicht. Die meisten Menschen sind nämlich genau so narrisch, wie sie nach außen hin erscheinen. So wie der Kerl, der vor anderthalb Jahren bei uns auftauchte.

»Ich hab was ganz Besonderes«, erklärte er und holte eine fast schuhkartongroße Plastikbox aus seinem Rucksack. Sie sah aus wie eines dieser XL-Modelle, in denen Mütter ihren erwachsenen und alleinstehenden Söhnen selbstgemachte Krautwickel mit nach Hause geben. Mit einem Unterschied: In den Deckel hatte jemand Luftlöcher hineingepikst. Und daraus waberte kein leckerer Soßenduft hervor, das nahm meine Nase sofort wahr.

Voller Stolz stellte der Besitzer die Dose auf den Tresen und machte den Deckel auf. Am liebsten wäre ich einen Meter zurückgesprungen. Doch durch den Schreck blieb ich wie gebannt stehen. In der Dose räkelte sich eine beigebraun gemusterte Schlange, ungefähr so dick wie eine 2-Euro-Münze.

»Das ist eine Baby-Boa«, klärte mich mein Kunde auf. Er nutzte meine Schockstarre, um sein Anliegen weiter zu erläutern. »Ich bin Hobby-Züchter und brauche dringend Geld, um ein Terrarium reparieren zu lassen. Also, ich habe Luna vorhin erst gefüttert, die kommt jetzt locker vier Wochen ohne Nahrung aus, und bis dahin habe ich sie schon lange wieder ausgelöst. Sie dürfen sie nur nicht zu kühl lagern.«

»Moment mal, junger Mann«, unterbrach ich den Kerl, als ich meine Fassung wiedergewonnen hatte. »Erstens machen Sie jetzt mal ganz schnell wieder den Deckel drauf. Und zweitens: Ja, meinen Sie denn, wir sind ein Zoo? Wie kommen Sie auf die Idee, mit so einem Viech hier aufzutauchen?«

In Anbetracht meiner Lautstärke deckelte der Mann seine Schlange blitzartig, probierte allerdings einen erneuten Vorstoß: »Aber sie braucht doch so gut wie keine Pflege …«

»Raus!«, rief ich mit noch mehr Nachdruck. Bei solch tierischen Zuständen muss ich manchmal den Dschungelkönig heraushängen lassen und den Kunden zeigen, wer das Zepter in der Hand hält.

Zahm wie ein Lamm wurde ich dagegen bei einer sehr jungen Dame: Normalerweise erschien sie bei uns an der Hand ihres Vaters. Das zierliche Mädchen mit dem dunkelbraunen Pferdeschwanz konnte damals nicht viel älter als elf Jahre gewesen sein.

Eines Tages stand die Stammkunden-Tochter plötzlich alleine vorm Tresen, über den sie gerade so ihr Kinn strecken konnte. »Hallo«, begrüßte sie mich schüchtern und entblößte dabei eine ziemlich große Milchzahnlücke.

»Hallo, dich kenne ich doch«, antwortete ich.

»Ich dich auch! Und ich hab was für dich.« Sie streifte ihren rosafarbenen Rucksack ab und stellte ihn behutsam auf den Boden. Dann packte das Mädchen eine kleine Pappschachtel mit Löchern im Deckel aus. O nein, was sollte das nun werden? Doch wohl kaum wieder eine Schlange …

Vorsichtig hob sie die Kiste auf den Tresen und schob den Deckel auf. Ich hörte ein leises Schmatzen und sah auch gleich, woher es kam: Zwischen einigen Salatblättern hockte ein Meerschweinchen mit karamellweißem Fell, das genüsslich am Grün knabberte. Na, endlich mal ein niedliches Tierchen, dachte ich und atmete entspannt aus.

»Das ist Molly«, eröffnete mir meine junge Besucherin. »Wie viel kann ich für sie kriegen?«, fragte sie und schaute mich ernst an.

Als ich dem Mädchen erklärte, warum wir keine Tiere annehmen, begann ihre Unterlippe zu zittern.

»Und überhaupt«, fuhr ich fort, »bist du nicht noch ein bisschen zu jung, um schon was zu verpfänden?«

»Ich brau-hauche dri-hingend Ge-held!«, schluchzte sie jetzt herzzerreißend los.

»Aber wofür denn?« Die neue Glitzer-Barbie? Ein Klebe-Tattoo?

Schließlich erzählte sie mir von ihrem Wohnzimmer-Unfall: Die Kleine hatte zu MTV getanzt und dabei aus Versehen die Lieblingsvase ihrer Mutter vom Tisch gerissen. Jetzt wollte sie bei mir ihr Meerschweinchen verpfänden, um im Kaufhaus gegenüber Ersatz zu kaufen.

»Ich hab die Scherben versteckt. Hoffentlich hat die Mama noch nichts gemerkt«, jammerte die Kleine.

»Eins wird sie auf jeden Fall gemerkt haben«, stellte ich fest. »Nämlich, dass du nicht in deinem Zimmer hockst. Weiß sie, wo du bist?«

»Nein«, sagte das Mädchen kleinlaut. »Ich habe mich rausgeschlichen. Eigentlich darf ich auch noch gar nicht alleine mit der U-Bahn fahren.«

»Deine Mutter macht sich bestimmt Sorgen um dich! Weißt du was? Wir rufen sie an.«

Es folgten noch mehr Tränen, die ich erst zum Stoppen brachte, als ich der Kleinen verständlich gemacht hatte, dass die Strafe sicher milder ausfallen würde, wenn sie sich jetzt schnell zu Hause meldete. Ich bot an, notfalls als Streitschlichter zu fungieren.

Doch das war gar nicht nötig. Zwanzig Minuten nachdem ich die Mutter angerufen hatte, stürmte sie atemlos die Treppe zu uns hinauf. Ich führte sie gleich in mein Büro, wo ich das Mädchen mitsamt Molly an meinen Besprechungstisch gesetzt hatte.

»Julia! Was machst du denn für Sachen?« Sie rannte auf ihre Tochter zu und nahm sie fest in den Arm. »Ich dachte schon, dir wäre was passiert. Was machst du denn bloß hier?«

Sie schaute die Kleine und dann mich fragend an.

»Hmhmm.« Ich räusperte mich und schaute Julia auffordernd an.

»Mama, ich muss dir was sagen«, setzte sie an. »Ich hab deine blaue Vase kaputtgemacht. Ich wollte das nicht, aber es ist mir beim Tanzen passiert. Und jetzt wollte ich eine neue kaufen, und ich wollte Molly hierlassen, um Geld dafür zu bekommen.«

»Was? Das ganze Theater wegen einer Vase?« Ihre Mutter wusste offenbar nicht, ob sie lachen oder weinen sollte. »Wir haben doch noch so viele andere.« Sie nahm ihre Tochter in den Arm und strich ihr übers Haar. »Bitte versprich mir eins: Wenn das nächste Mal irgendwas kaputtgeht, dann sag mir einfach gleich Bescheid. Aber hau nie wieder einfach ab.« Hand in Hand verließen die beiden mitsamt der schmatzenden Molly im Rucksack das Büro.

Ab sofort kam Julias Vater übrigens nur noch ohne seine Tochter zu mir. »Ich will sie nicht noch mal auf dumme Gedanken bringen«, meinte er.

Geschichten wie diese sorgen dafür, dass ich heilfroh bin, keine Karriere als Bürohengst eingeschlagen zu haben. Denn nichts, aber auch gar nichts ist so faszinierend wie mein Job als Pfandleiher. Ich weiß nie genau, was am nächsten Tag oder sogar in den nächsten Minuten passieren wird. Mal muss ich Streitschlichter, mal Zuhörer, mal Berater oder Mutmacher sein. Von der Vielfalt der zu beleihenden Gegenstände mal ganz abgesehen. Solche Herausforderungen liebe ich.

Eine Klasse für sich: die Super-Bluffer

blenden

a) *so stark beeindrucken, jemandes Sinne so gefangen nehmen, dass der Betreffende (für kurze Zeit) nichts anderes mehr wahrnimmt;*

b) *durch äußere Vorzüge sehr für sich einnehmen und
dadurch über negative Eigenschaften o. Ä. hinwegtäu-
schen*

Das *Deutsche Universalwörterbuch* von Duden bringt es
ganz gut auf den Punkt. Aber so ein Nachschlagewerk
hat natürlich nur die Definition parat. Die wahren Geschichten, die hinter diesem Begriff stecken, kann ich
erzählen.

Angeber, Aufschneider, Bluffer, Blender – es gibt viele
Namen für Menschen, die andere hinters Licht führen.
Sie wollen mehr sein, als sie sind: toller, schlauer, ver-
führerischer, reicher. Mit bis in die letzte Silbe zurecht-
gedrechselten Sätzen oder in tadellosen Outfits umgar-
nen sie ihr Gegenüber. In diese Kategorie fallen nicht nur
berühmte TV-Wetterfrösche oder Baron Münchhausen,
sondern auch einige meiner Kunden. Mit ihrer Schmu-
se-Masche wickeln sie viele Menschen um den Finger.
Aber nach all den Jahren als Pfandleiher gelingt es mir
inzwischen sehr gut, das wahre Ich hinter den Fassaden

zu erspähen. Und das ist manchmal alles andere als schillernd …

Es gab da mal diesen Kerl: braungebrannt, gepflegt, gut gekleidet. Am Tresen gab er sich extrem arrogant, stritt sich mit meinem Mitarbeiter und verlangte, den Chef zu sprechen; einer wie er ist schließlich nicht mit dem schnöden Bodenpersonal zufrieden.

Als ich aus meinem Büro herauskam, streckte er mir die Hand entgegen und machte gleich einen auf Kumpel.

»Gut, dass Sie da sind«, raspelte er Süßholz. »In dieser Sache braucht es nämlich einen echten Experten. Dann kommen wir beide auch auf einen Nenner, richtig?«

Schon schrillten bei mir die Alarmglocken. Denn diejenigen, die sofort die Gute-Freund-Schiene fahren, sind mir von Haus aus suspekt.

Der Braungebrannte wollte goldene Manschettenknöpfe verpfänden. Ich schaute sie mir genau an, kam aber auch nicht auf einen höheren Wert, als mein Mitarbeiter bereits vorher geboten hatte.

»350 Euro.«

Darüber war der Kunde natürlich gar nicht erfreut. Er begann, mir den außerordentlichen Wert der Manschettenknöpfe zu erklären, und ließ in einem Nebensatz einfließen, sein Jaguar stünde im Halteverbot, natürlich nur, um raushängen zu lassen, dass er das Geschäft mit uns anscheinend überhaupt nicht nötig hatte und das Ganze rasch über die Bühne bringen wollte. »Ach kommen Sie, zwei Männer wie wir, die müssen sich doch einigen können«, hakte er noch mal zuckersüß nach.

Aber ich blieb bei meinem Preis: »Tut mir leid, höher gehen wir nicht.«

Da schlug die Stimmung plötzlich um. Der gutsituierte Herr merkte, dass seine Taktik bei mir nicht zog. Er bekam hektische Flecken im Gesicht, und seine Stimme dröhnte: »Sie denken wohl, ich habe kein Geld, was?«

»Genau das denke ich. Sonst wären Sie ja nicht hier, oder?«

»So etwas muss ich mir nicht bieten lassen!«, tönte mein feiner Fast-Kunde, drehte sich um und stampfte fluchend die Treppe herunter.

Blender erkennt man nicht nur an ihrer (zumindest anfänglichen) Überdosis Freundlichkeit, sondern auch an ihrem gesteigerten Redebedürfnis. Nach dem ersten »Guten Tag« geht gleich das Name-Dropping los. Sie kommen zum Beispiel gerade vom Kaffeetrinken mit XY und müssen sich auch gleich schon schnell fertigmachen fürs Abendessen mit Z – natürlich im Sternelokal Soundso. In meinen Ohren freilich werden diese High-Society-Erzählungen zu reinem Blabla.

Denn ich frage mich: Wenn die sich so gut mit allerlei Promis verstehen, was haben sie dann hier zu suchen? Bevor ich ins Pfandhaus gehe, pumpe ich doch erst mal meine reichen Kumpels an. Bei jemandem, der ein Vermögen von mehreren Millionen hat, kann man sich locker 100 Euro leihen. Genau daran merkt man, dass das Ganze höchstwahrscheinlich nur Gerede ist.

Kleider machen Leute, sagt man. Stimmt: Wer geschniegelt und gestriegelt daherkommt, hat oft ein besseres Standing als ein Lotter-Typ. Wer sich allerdings erhofft, mir durch edles Outfit mehr Geld aus den Rippen zu leiern, leidet unter einer bedauerlichen Fehleinschätzung. Es gibt viele Kunden, die sich vor dem Besuch im Pfandhaus fesch machen. Sie sind frisch rasiert, parfümiert und stecken in schicken Klamotten (oder das, was sie für schick halten). Schon anhand der steifen Bewegungen merke ich: So, wie die heute angezogen sind, laufen die sonst nie rum!

Doch ob Anzug oder Jogginghose – für uns ist das Pfand entscheidend, nicht das Drumherum. Sicher, wenn ein abgerissener Grattler mit einer Rolex daherkäme, würde ich schon stutzig werden. Aber ansonsten schere ich alle über einen Kamm. Bei einer Kundin kann ein extrem stylischer Look inklusive Designer-Handtasche und Pumps sogar kontraproduktiv sein, denn da geht mir als Pfandleiher natürlich gleich durch den Kopf: Bei deren Mode-Faible ist die Wahrscheinlichkeit gering, dass sie ihr Pfand jemals wieder auslöst, weil das Geld, das sie dafür von mir erhält, vermutlich eh gleich in die nächste Boutique wandert.

Einmal habe auch ich mich von einem Blender einwickeln lassen: Allerdings auch nur, weil ich mich nicht auf meine Intuition, sondern das Wort eines anderen verlassen habe. Ich hatte damals gerade einen Mitarbeiter eingestellt, der seine Hand für einen neuen Kunden ins Feuer legte. Er kenne ihn schon aus dem Pfandhaus, in dem er vorher gearbeitet habe, erklärte er.

Der Kunde trat ziemlich großkotzig auf, ließ sich immer in seiner Edel-Limousine vom Chauffeur vorfahren und trug bündelweise 500-Euro-Scheine mit sich herum. Es ging um Beleihungen im großen Stil. Der Mann gab bei uns Brillanten ab und schaukelte sich im Wert von Besuch zu Besuch immer weiter hoch. Jedes Mal, wenn er einige Steine auslöste, gab er im Gegenzug noch wertvollere ab.

Ich hatte kein gutes Gefühl bei der Sache. »Das ist mir zu groß, das passt mir nicht«, machte ich meinem Mitarbeiter gegenüber deutlich. Doch der spielte die Gefahr herunter: »Das ist ein super Kunde! Der hat früher immer alles wieder abgeholt!«

Im Nachhinein erfuhr ich auch, warum: Er löste in einem Pfandhaus etwas aus, um es gleich im nächsten wieder zu verpfänden.

Irgendwann lagen Brillanten im Wert von 100 000 Mark bei uns – und ich habe leider viel zu spät den Schlussstrich gezogen. Denn diese Steine holte der feine Herr nie wieder ab, und ich machte nachher bei der Versteigerung einen Verlust von rund 10 000 Mark.

Diese Lektion hat mich Vorsicht gelehrt. Und so konnte ich meinen Kopf bei der folgenden Geschichte mit dem Grafen gerade noch rechtzeitig aus der Schlinge ziehen.

Hochwertiges Pfandgut, das bei den Versteigerungen keinen Abnehmer findet, gebe ich auch schon mal bei Schmuckläden oder Auktionshäusern in Kommission ab. Extrem teure Ketten oder Ohrringe finden dort oft eher einen neuen Besitzer, und so komme ich im Falle eines Verkaufs doch noch zu meinem Geld.

Vor ein paar Jahren lernte ich einen Grafen kennen, der gerade ein riesiges Geschäft in einer der nobelsten Einkaufsstraßen Münchens eröffnet hatte. Auf zwei Stockwerken verkaufte er Luxusartikel und -möbel, alle Lokalzeitungen berichteten groß darüber.

Dass mein Geschäftspartner nicht ganz koscher war, merkte ich schon beim ersten Gespräch. Da tat er gleich etwas Hyperpeinliches, das bei mir noch heute eine Gänsehaut auslöst, wenn ich nur daran denke: Während der Unterhaltung zupfte er völlig grundlos seinen Geldbeutel aus der Hosentasche und fuchtelte so lange damit herum, bis seine schwarze American-Express-Karte herausfiel – natürlich ganz zufällig … Mann, war das schlecht. Aber auch ein Zeichen für mich, bei diesem Kerl, an dem sicher nicht nur der Titel unecht war, besonders vorsichtig zu sein.

Ich ließ dennoch einige Armreifen und Colliers bei ihm, die pro Stück ab 10 000 Mark aufwärts kosteten. Weil mir der Graf komisch vorkam, bin ich jede Woche einmal am Schaufenster vorbeigelaufen, um meine Ware zu begutachten.

Plötzlich war eine meiner Ketten aus der Auslage verschwunden. Ich ging gleich rein und sagte: »Hallo, Herr Graf, wie ich sehe, haben Sie eines meiner Schmuckstücke verkauft?«

Seine Miene versteinerte sich für eine Millisekunde, wurde aber gleich darauf wieder sonnig. Und schon flötete er: »Nein, noch nicht ganz. Die ist noch auf Auswahl.«

»Was für eine Auswahl?«

»Eine Stammkundin hat mehrere Teile mit nach Hause genommen, um sich dort in Ruhe zu entscheiden.«

Das klang plausibel. In feineren Kreisen ist so etwas durchaus üblich. »Die Auswahl wird aber sicher nicht länger als acht Tage dauern, oder?«

»Nein, natürlich nicht, Herr Käfer.«

»Gut, ich komme in acht Tagen wieder. Dann ist ja sicher entweder das Collier oder das Geld da.«

»Selbstverständlich, selbstverständlich.«

Acht Tage später betrat ich erneut den Laden. Vom Grafen keine Spur. »Seine Hoheit hat einen Termin«, teilte mir eine Verkäuferin mit.

»Seine was?«

»Seine Hoheit.« Der ausgebuffte Graf schaffte es

tatsächlich, auch seine Angestellten so von sich einzunehmen, dass es bei denen nicht mehr weit bis zum Hofknicks war. Ein unterhaltsames Spektakel – das mich aber in diesem Fall nicht weiterbrachte.

»Wo ist er denn?«, fragte ich.

»Das weiß ich nicht. Auf jeden Fall außer Haus«, antwortete die Dame schnippisch.

»Sie haben doch sicher eine Handynummer vom Herrn Grafen, oder?«

»Ja, aber ich weiß nicht …«

»Keine Sorge. Mein Name ist Käfer, der Graf kennt mich persönlich. Er wird sich freuen, wenn Sie ihn über meinen Besuch benachrichtigen.«

Sie wählte die Nummer, und bevor der Graf ihr klarmachen konnte, sie solle mich irgendwie loswerden, schnappte ich mir den Telefonhörer. »Hallo, Käfer hier. Ich bin gerade zufällig in der Gegend. Und wir hatten doch letzte Woche wegen des Colliers gesprochen. Es liegt noch nicht wieder im Schaufenster. Also haben Sie es wohl verkauft, richtig?«

»Ah … Ja, das habe ich.«

»Eine schöne Nachricht, wunderbar! Dann können wir ja abrechnen.«

»Das geht leider gerade nicht. Ich sitze im Café.«

»Überhaupt kein Problem! Wo sind Sie denn? Ich habe den ganzen Nachmittag frei und komme gerne bei Ihnen vorbei.«

»Das ist nicht notwendig. Ich kann Ihnen einen Scheck ausschreiben.«

»Gerne, ich brauche das Geld nicht unbedingt in bar.«

»Geben Sie mir mal meine Sekretärin.«

Die schickte gleich eine Kollegin zur Scheck-Unterzeichnung ins Café. Ich wartete geduldig (ich habe durchaus Sitzfleisch). Nach dreißig Minuten hielt ich den Scheck in der Hand, und wie sich bei der Bank herausstellte, war er sogar gedeckt. Dieser Verkauf hatte ja offenbar doch ganz gut funktioniert – wenn auch auf Umwegen. Mit dem Grafen war es eben immer ein bisschen komplizierter.

Einige Wochen darauf erhielt ich ein Schreiben von einer großen Anwaltskanzlei. Ich wurde aufgefordert, eine Aufstellung über meine Kommissionsware anzufertigen, die noch beim Grafen lag. Der hatte nämlich seit seinem Einzug vor anderthalb Jahren kein einziges Mal Miete gezahlt – und die lag meines Wissens bei schlappen 28 000 Mark pro Monat …

Ich lief sofort zum Grafen rüber und ließ mir etwas einfallen. »Wissen Sie, ich brauche dringend meine Sachen«, sagte ich ihm atemlos. »Ich habe einen Stammkunden, der sie sehen will. Er hat großes Interesse daran, alles zusammen zu kaufen. Oder wollen Sie das vielleicht tun?«

Er wiegelte vehement ab: »Nein, nein, nein. Nehmen Sie Ihren Schmuck ruhig mit. Ich muss ihn nur zusammensuchen.«

Das war natürlich wieder ein typisch gräflich-kompliziertes Unterfangen: Wo war das eine Teil, wo das andere? Der Chef wirbelte mehr oder weniger hilflos durch sein Reich. »Ich weiß gar nicht, ob Sie Zeit dafür haben …«, versuchte er, mich abzuwimmeln.

»Ach, wissen Sie«, entgegnete ich entspannt und ließ mich in einen Sessel fallen, »lassen Sie sich ruhig Zeit. Ich bin nicht in Eile.«

In solchen Fällen muss man penetrant sein. Nur so

habe ich es geschafft, ohne Verlust aus der Sache herauszukommen. Im Gegensatz zu vielen anderen Leuten: Denn plötzlich war der Laden zu und etliche Wertsachen verschwunden – genau wie der Graf selbst.

Als das Finanzamt zum Pfänden vorbeischaute, stellte sich heraus, dass alles darin nur Kommissionsware war. Dem vermeintlichen Grafen hatte gar nichts gehört, nicht mal die Einrichtung. Er war der perfekte Hochstapler, der beste, den ich je gesehen habe. Und ein unschlagbarer Verkäufer – das konnte ich immer erleben, wenn ich im Laden wieder mal auf ihn warten musste. Aber wenn es um simpelste Gleichungen von Plus und Minus ging – wie viel nehme ich ein, wie hoch sind die Kosten? –, setzte es bei ihm aus. Und genau das war ihm zum Verhängnis geworden. Was blieb, war ein haushoher Schuldenberg und jede Menge zorniger Gläubiger. Wie gut, dass ich nicht dazugehörte.

Der Graf tauchte unter – auf Nimmerwiedersehen. Solche Typen sind nämlich nicht nur Meister im Blenden, sondern auch im Verschwinden.

Nur einmal erlangte ich einen tieferen Einblick in die Blufferseele. Und zwar durch einen Kunden, der schon seit Jahren zu uns kam. Immer perfekt gekleidet: Designeranzüge, gestärkte Hemden, seidenes Einstecktuch. Aber bei seinem letzten Besuch verlor er die sonst so tadellose Contenance:

»Was, für die Rolex können Sie mir nicht mehr geben?«, fragte er mit Panik im Blick. »Ich brauche 300 Euro mehr – dringend. Können wir darüber nicht unter vier Augen sprechen?« Er warf einen nervösen Blick auf meine anderen Kunden, die hinter ihm Schlange standen.

Da es sich um einen Stammkunden handelte, willigte ich ein und bat den Herrn in mein Büro, während ein Mitarbeiter sich hinter den Tresen stellte.

»Das, was ich Ihnen jetzt erzähle, habe ich noch nie jemandem gebeichtet. Bitte behalten Sie es unter allen Umständen für sich!«, sagte er.

Ich lehnte mich in meinem Schreibtischstuhl zurück. »Da bin ich ja gespannt. Legen Sie los.«

Mein Gegenüber strich sich über den rabenschwarzen Haarkranz und rückte die Brille mit farblich passendem feinem Metallrand zurecht. Er war sichtlich aufgeregt. Auf seiner Stirn bildeten sich kleine Schweißtröpfchen.

»Früher hatte ich vier erfolgreiche Schuhläden in München. Ich verdiente zwei Millionen im Jahr, hatte ein Traumhaus mit Pool und einen Chauffeur. Beim Formel-1-Rennen in Monza saß ich in der VIP-Box mit direktem Blick auf die Ziellinie.«

Er habe sich jeden nur erdenklichen Luxus gegönnt – auch Dinge, die er sich eigentlich nicht habe leisten können. Um diesen Lebensstil dennoch finanzieren zu können, habe er immer riskantere Investitionen getätigt.

»Eine Weile lang hielt ich die Bälle in der Luft, wie ein Jongleur. Doch dann prasselte alles auf mich nieder. Eine Rechnung nach der anderen flatterte ins Haus, der Kreditrahmen war ausgereizt, Schecks platzten. Irgendwann gab es nur noch eine Lösung: Ich musste Insolvenz anmelden. Aber das sollte bloß niemand mitbekommen. Ich erzählte es weder meiner Familie noch Freunden und auch nicht meiner Lebensgefährtin.« Er schnaufte durch. »Können Sie sich vorstellen, wie schwer das war?«

Vorstellen ja, verstehen nicht ganz. Warum lastet man

sich so eine Bürde auf, nur um den äußeren Schein zu wahren? Aber die Insolvenz-Vertuschung markierte nur den Anfang seines Scheindaseins.

»Nachdem ich meine Geschäfte verkauft hatte, zog ich 100 Kilometer weit weg, um neugierigen Nachfragen aus dem Weg zu gehen und ganz neu anzufangen.« Das sollte natürlich wieder auf einem ähnlich hohen gesellschaftlichen Niveau passieren.

»Um geschäftlich auf die Beine zu kommen, habe ich weiterhin Golf gespielt, und ich bin essen gegangen mit berühmten Sportlern, Schauspielern und Unternehmern. Nur so war es ja möglich, die nötigen Connections hinzukriegen!«

Ja, die wichtigen Connections – die können einen mitunter teuer zu stehen kommen, dachte ich mir, während ich ihm weiter zuhörte.

»Ich lud potentielle Geschäftspartner in teure Restaurants ein, obwohl ich nicht mal genug Geld hatte, um zu Hause meinen Kühlschrank zu füllen. Das konnte ich mir alles nur leisten, indem ich einige meiner Uhren bei Ihnen verpfändete.«

Nun wusste ich, weswegen er zum Stammkunden geworden war.

»Es ist sehr hart und anstrengend, sich ständig neue Lügengeschichten einfallen zu lassen«, fuhr er fort. »Einmal konnte ich einen Golfpartner nicht zum Drink einladen, weil ich keinen Cent mehr in der Tasche hatte. Da habe ich ihm einfach erzählt, dass ich meinen Geldbeutel zu Hause vergessen hätte.«

»Und warum verraten Sie gerade mir jetzt Ihr Geheimnis?«, wollte ich wissen.

»Herr Käfer, Sie müssen mir helfen. Ich stehe kurz vor

einem neuem Coup, aber dafür brauche ich ein bisschen mehr als das, was Sie mir vorhin geboten haben.«

Ich blickte ihn an und hob die Hände. »Ich will nicht herzlos erscheinen, wirklich nicht. Aber wissen Sie, alle meine Kunden kommen zu mir, weil sie in einer besonderen Notlage stecken. Sie müssen verstehen: Ich kann keinem mehr Geld geben, nur weil seine Geschichte besonders dringlich ist.«

Er blickte traurig und stumm drein.

»Haben Sie nicht eventuell noch eine Uhr, die Sie verpfänden können?«, fragte ich.

Er schüttelte den Kopf. »Die habe ich alle schon zu Ihnen gebracht.«

»Es tut mir leid. Aber mehr als 100 Euro kann ich Ihnen heute einfach nicht geben.«

Anstatt zu schimpfen oder in Tränen auszubrechen, legte der Bluffer innerlich einen Schalter um. Von einer Sekunde auf die andere wirkte er gefasst und bekam einen regelrecht heiteren Gesichtsausdruck.

»Nun gut, das kriege ich irgendwie hin, auch ohne Ihre Hilfe. Ich habe da schon eine Idee …« Und mit dieser eilte er von dannen.

Eins muss man dieser Sorte Mensch lassen: Sie sind echte Überlebenskünstler, die sich bis zum bitteren Ende durchboxen. Der ehemalige Schuhverkäufer war seit diesem Gespräch nicht mehr bei mir. Ob er seinen großen Coup gelandet hat? Ich kann es mir nicht vorstellen.

Nerviger sind da die Typen, die sich furchtbar aufplustern, und nachher steckt rein gar nichts dahinter. Das passiert manchmal, wenn es einen Streitfall an der Theke gibt. Zum Beispiel weil einer nicht versteht, warum er seine Gebühren nicht einfach ein paar Tage später als vereinbart zahlen kann. Dabei stehen die Vertragsbedingungen ganz groß auf einem Plakat in unseren Geschäftsräumen – und auf der Rückseite jedes Pfandscheins. »Das geht, ich weiß es genau«, tönte kürzlich einer. »Ich bin Rechtsanwalt.« Klar, in solchen Fällen sind sie plötzlich alle Juristen …

»Na gut«, sage ich und zücke meine Visitenkarte. »Dann verklagen Sie uns. Es kostet Sie ja nichts.« Bei so etwas bin ich eiskalt. Und zwar zu Recht. Denn gerichtliche Folgen haben bisher die wenigsten solcher Auseinandersetzungen gehabt. Wäre ich nur ein Zehntel so oft verklagt worden, wie mir angedroht wurde, hätte ich ein Zeitproblem. Dann könnte ich mich nicht mehr um meine Kunden kümmern, sondern säße nur noch im Gerichtssaal.

Unangenehm sind auch die Neukunden, die sich einen Vorteil davon versprechen, meine Familie ins Spiel zu bringen. Zu allem Überfluss duzen die mich auch noch gleich, was ich ganz besonders gut leiden kann …

»Du bist doch der Thomas, oder? Ich kenne den Michael sehr gut«, behaupten sie frech und meinen damit meinen Delikatessen-Cousin. Wäre das wirklich der Fall, wäre es ja nett. Aber bei den meisten ist es einfach nur Spinnerei. Und bei solchen Aufschneidereien werde ich ganz schnell patzig. Da habe ich gar keine Lust mehr, mit demjenigen ein Geschäft zu machen und sage nur knapp: »Du kennst den Michael? Das ist ja sehr schön. In dem Fall würde ich dir empfehlen, dass du dir das Geld von ihm leihst!«

Ich gebe zu, das klingt unverschämt. Aber die Spezl-Tour kommt bei mir nun mal gar nicht gut an. Manche halten sich für besonders schlau und benutzen diesen Trick, wenn sie denken, ich sei nicht da. Die tapern dann ins Pfandhaus und fangen an, mit meinen Mitarbeitern zu diskutieren. »Ihr Chef Thomas ist ein sehr guter Freund von mir. Ich werde ihm erzählen, wie Sie mich hier behandeln! Was Sie mir für mein Pfand anbieten, ist viel zu wenig.« Lustig wird es, wenn ich in so einem Moment zufällig hinter der geschlossenen Bürotür sitze. Mein Angestellter kommt in so einem Fall meist mit schadenfrohem Grinsen zu mir herein und verkündet: »Herr Käfer, hier ist ein Freund von Ihnen.« Ich trete heraus und sage: »Ja bitte.« Aber dann herrscht auf der anderen Seite des Tresens meist schon gähnende Leere. Als erfolgreicher Angeber darf man so hasenfüßig eigentlich nicht sein.

Einer hat es mal auf die Spitze getrieben – ein ganz ekelhaftes Kerlchen, ein Wichtigtuer vor dem Herrn. Der Typ spielte sich mächtig auf, wusste ständig alles besser und verlangte generell den doppelten Wert. Ich habe das immer recht diplomatisch geregelt, weil er seine Pfänder immerhin jedes Mal pünktlich wieder abgeholt hat. Irgendwann aber kam ein Mitarbeiter zu mir ins Büro und verkündete genervt: »*Er* ist wieder da. Der Besserwisser. Ich kann den Mann einfach nicht bedienen. Ich mach das nicht mehr!«

Also ging ich raus, und schon sprang mir der Kunde bildlich gesprochen an den Hals: »Ich lasse mir das nicht bieten, wie Ihr Mitarbeiter mit mir umgeht!« Was ich danach hörte, konnte ich kaum glauben. Er sagte doch glatt zu mir: »Herr Käfer, Sie müssen jetzt eine Entscheidung fällen: entweder für mich oder für ihn!«

In der Sekunde entwich mir selbst das letzte Fünkchen Diplomatie. Ich war einfach nur wütend und donnerte: »Was stellen Sie sich denn für eine Entscheidung vor? Sind Sie noch ganz dicht? Sie glauben doch nicht im Ernst, dass ich mich nicht vor meinen Mitarbeiter stelle! Soll ich den Mann entlassen, weil Sie nicht mit ihm zufrieden sind? Das hätten Sie wohl gern!«

»Dann komme ich nie wieder!«

»Bitte schön. Ich werd's überleben. Und noch zum Abschied: Der Kunde ist König, aber *wir* machen hier die Preise!«

Man muss zuweilen hart mit den Leuten umgehen und ruhig auch mal mit der Faust auf den Tisch hauen. Es gibt welche, die es sonst nicht begreifen. Die leben in ihrer eigenen Welt und sind fest davon überzeugt, dass man ihnen die Füße küssen müsste.

Angeber, Aufschneider, Bluffer, Blender – sie alle wollen mehr sein, als sie sind. Vielleicht sollten sie zur Abwechslung mal versuchen, nur sie selbst zu sein. Ich bin mir sicher, dass ihr Leben dann einfacher wäre.

Unsere tägliche Eiszeit

Man muss sich Pfandleiher wie Eisbären vorstellen: mit gaaanz dickem Fell. Wir arbeiten zwar nicht am Nordpol, aber in unserem Job kann die Stimmung schnell frostig werden – und verletzend. Da ist so ein körpereigener Schutzschild extrem wichtig. Als außerordentlich praktisch hat sich außerdem die Fähigkeit erwiesen, 90 Prozent der Unflätigkeiten, die mir Kunden an den Kopf schmeißen, zum linken Ohr rein- und zum rechten gleich wieder rauszulassen. Nur, um Ihnen einen Eindruck zu vermitteln: »Arschloch« oder »Idiot« sind auf der Derbheitsskala noch eher unten angesiedelt …

Dennoch sollte man diesen Menschen mit Nachsicht begegnen. Sie stecken in schwierigen Situationen, sonst würden sie nicht ins Pfandhaus pilgern. Einem sitzt der Vermieter im Nacken, dem anderen die Stadtwerke, manche müssen für die Behandlung eines kranken Angehörigen aufkommen, manche überbrücken eine berufliche Durststrecke. Sie alle brauchen Geld, am liebsten sofort, und sind daher unheimlich angespannt. Mit dieser Anspannung geht jeder anders um: Typ A wird depressiv, nickt alles nur stillschweigend und mit Tränen in den Augen ab. Typ B hingegen macht einen auf lustig und will seine problematische Lage mit Humor überspielen. Solche Leute machen über alles und jeden

Witze – bis in den persönlichen Ruin hinein. Die sind zwar nervig, aber noch okay. Übrig bleibt Typ C: die Aggressiven und die Besserwisser, für mich eindeutig die anstrengendste Kategorie. Diese Leute beleidigen und schimpfen, was das Zeug hält. Oft in Sprachen, die ich nicht beherrsche, wobei ich trotzdem genau weiß, was gemeint ist.

In einer Notlage kochen die Gefühle schneller hoch als sonst. Da sagt man auch mal etwas, das vielleicht gar nicht so gemeint ist. An einem heißen Sommertag im Juli 2010 nahm ich einen Laptop nicht an, weil er zu alt war. Der Besitzer bezeichnete mich daraufhin als »dumme Sau« und haute ab. Am nächsten Tag stand er reumütig vor mir: »Entschuldigen Sie bitte meinen Ausraster von gestern. Es tut mir leid.« Wenn einer sich entschuldigt und niemand körperlich zu Schaden gekommen ist, kann er gerne weiterhin Kunde bleiben.

Eine etwas pummelige Kollegin, die früher bei uns arbeitete, wurde oft als »dickes Schwein« oder »fette Kuh« betitelt. Das tat mir leid – gleichwohl, mit solchen Anfeindungen muss man als Pfandhaus-Mitarbeiter klarkommen, und zwar ohne sich heulend in eine Ecke zu verziehen. Wer hier arbeitet, muss seine Toleranzgrenze nach oben schrauben. Natürlich lassen wir uns nicht alles gefallen: Benimmt sich einer kontinuierlich schlecht, wird er nicht mehr bedient.

Zwar geht es bei uns nicht täglich richtig zur Sache, aber wir werden schon recht regelmäßig beschimpft. In so einer Situation ist vor allem eins wichtig: Nie zurückschimpfen oder gar brüllen, das stachelt den Kunden nur weiter auf. Macht mich einer dumm an, sage ich ganz ruhig zu ihm: »Wenn Sie noch öfter herkommen wollen, sollten Sie Ihren Ton ändern.« Manchmal reicht das schon, um meinem Gegenüber den Wind aus den Segeln zu nehmen. Das müssen natürlich auch meine Mitarbeiter draufhaben.

Leider gibt es heutzutage keine Ausbildung zum Pfandleiher mehr. Die wurde vor dem Zweiten Weltkrieg abgeschafft. Bevor ich jemanden einstelle, muss ich ihm daher umso genauer auf den Zahn fühlen. Wenn ich Glück habe, bewerben sich Profis, die schon in anderen Leihhäusern beschäftigt waren. Doch der Großteil derer, die mir schließlich im Büro gegenübersitzen, gehört zu den absoluten Pfandhaus-Neulingen. Fragen, die ich klären muss, sind: Was haben Sie vorher gemacht? Hatten Sie in der Vergangenheit viel Kundenkontakt? Wie belastbar sind Sie? Einer, der sein Leben lang im Büro saß und da nur mit seinen Kollegen zu tun hatte, legt selbstverständlich eine andere Einstellung an den Tag als jemand, der schon im Supermarkt an der Kasse saß oder als Verkäufer im Einzelhandel gearbeitet hat.

Interessenten beschreibe ich den Joballtag eher drastischer, als er ist, damit sie gleich wissen, wo es langgeht. Sensibelchen kann ich nicht gebrauchen; ich suche nach Leuten, die den Anforderungen bei uns vor allem psychisch gewachsen sind. Um das zu testen, lade ich Bewerber zunächst zum Probearbeiten ein. Denn ob sie wirklich für den Job geeignet sind, stellt sich oft erst nach ein paar Wochen heraus. Viele kündigen nach zwei, drei Monaten wieder, weil sie merken, dass sie die steife Brise bei uns doch nicht aushalten.

Gerade die jungen Kunden sind sehr emotional: Wenn sie für ihr Pfand nicht die Summe bekommen, die sie sich vorgestellt haben, werden sie schnell ausfällig. Sie fangen an zu schreien und treten auch schon mal mit aller Wucht gegen den Tresen. Ein paar von denen haben uns auf dem Weg nach draußen sogar schon vor Wut das Treppengeländer aus der Wand gerissen. Das ist einer der Gründe, warum die Kundschaft und mich eine Scheibe trennt – und zwar eine aus Panzerglas. Schließlich bin ich nicht nur für meine Sicherheit, sondern auch für die meines Teams verantwortlich. Und da will ich kein Risiko eingehen.

Wobei tätliche Übergriffe jeglicher Art bisher immer auf der anderen Seite des Tresens stattgefunden haben. Da gab es zum Beispiel ein leicht angeschmuddeltes Ehepaar, das einen Flachbildfernseher abgeben wollte. Ich bot ihnen 300 Euro.

»Okay«, willigte die Frau ein.

»Was?«, blaffte der Mann sie an.

Sie: »Na, der Preis ist doch gut.«

Er: »Hast du sie noch alle? Das ist viel zu wenig!«

Mich verloren die beiden völlig aus den Augen, da der Streit immer hitziger wurde.

»Du hast doch keine Ahnung!«, keifte die Frau und überspannte damit anscheinend den Geduldsbogen ihres Mannes: Der holte aus und knallte seiner Gattin rechts und links eine.

»Halt!!«, griff ich mündlich, aber lautstark ein. Was sollte ich auch sonst tun? Ich konnte ja schlecht über den Tresen springen. »So geht's nicht. Hören Sie sofort auf, sonst hole ich die Polizei!«

Während sich die Frau mit beiden Händen fassungslos an die glühenden Wangen fasste, drehte sich der Mann zu mir und schaute fast so entgeistert drein wie seine schluchzende bessere Hälfte.

»Das ist mir noch nie passiert, das müssen Sie mir glauben!«, stammelte er. »Aber die Alte treibt mich manchmal an den Rand des Wahnsinns!«

Er hob den Fernseher auf den Tresen. »Da.«

»Mein Angebot hat sich nicht geändert: 300 Euro.«

»Ist schon in Ordnung. Ich will nicht noch mehr Ärger.«

Dabei sah es nicht so aus, als würde das der letzte Streit des Tages bleiben …

Aber natürlich werden nicht nur Männer handgreiflich. Ich habe auch schon Frauen erlebt, die ihrem Ärger nur gewaltsam haben Luft machen können. Einmal stand ein Paar in den Fünfzigern vor meinem Tresen, das eine Halskette auslösen wollte. Der Mann, der das Schmuckstück vor Monaten abgegeben hatte, überreichte mir den Pfandschein. Aber nachdem ich die Nummer in den Computer eingegeben hatte, musste ich den beiden eine schlechte Nachricht überbringen.

»Die Kette wurde leider vor einer Woche versteigert. Haben Sie den Brief nicht gelesen, den wir Ihnen vorab geschickt haben?«

»Aber das ist meine Kette!«, krakeelte die Frau, die vor lauter Zorn zitterte. Sie drehte sich zu ihrem Mann, hob ihre schwere Lederhandtasche hoch und schleuderte sie auf seinen Kopf. »Du Schwein! Das ist alles deine Schuld!«

Auch in diesem Fall konnte ich durch die Polizeiandrohung für einen zeitweiligen Waffenstillstand sorgen. Ganz so emotional wie bei dem ersten Paar verlief es hier nicht: Der geschlagene Mann verzog keine Miene. Er schien die rabiaten Ausbrüche seiner Frau schon gewohnt zu sein. Nach meiner Verwarnung schaute sie mich nur noch einmal grimmig an, schnappte sich dann ihren Gatten und befahl knapp: »Komm, wir gehen!«

Am fürchterlichsten aber ist das Lesben-Duo, das uns regelmäßig beehrt. Beide haben einen Mecki-Haarschnitt, tragen Jeans, Pullover und null Make-up. Optisch liegen sie also voll auf einer Wellenlänge. Aber mental? Pustekuchen! Warum die überhaupt noch zusammen sind, ist mir ein Rätsel. Ich kann sie schon hören, sobald sie einen Stock tiefer das Haus betreten. Denn die beiden streiten ständig – und zwar mit der Lautstärke eines Presslufthammers. Es ist ihnen ganz egal, wer so alles ihre Zwistigkeiten gerade Silbe für Silbe mitbekommt.

Wenn sie vorm Tresen stehen, sind die Mädels stets schon so geladen, dass sich ihre Aggressivität automatisch auf uns überträgt. Die beiden streiten vor meinen Augen darüber, welches Schmuckstück verpfändet werden soll oder ob der gebotene Preis gerechtfertigt ist. Und wenn ihnen der Krach untereinander offenbar zu langweilig wird, dann beschimpfen sie mich.

Irgendetwas finden sie immer. »Jetzt kostet das schon wieder mehr!«, meckerte die eine beim letzten Besuch vorwurfsvoll über die Pfandgebühren.

»Sie sind jetzt schon seit zwei Jahren bei uns Kundin«, fing ich an. »Ich weiß nicht, wie oft Sie schon da waren – zwanzig-, dreißigmal? Und es kostet immer dasselbe.«

»Nein! Letztes Mal war's billiger! Ganz sicher.«

Ich warf einen Blick in den Computer. »Letztes Mal war's billiger, weil Sie das Pfand früher abgeholt haben.«

»Ach Quatsch, Sie wollen mich doch verarschen!«

»Meine liebe Dame«, erklärte ich, obwohl mir in diesem Moment eine ganz andere Bezeichnung für sie durch den Kopf schoss. »An den Gebühren hat sich in den letzten Jahren nichts geändert. Die sind staatlich festgelegt, die dürfen wir gar nicht erhöhen. Ich würde sie liebend gerne nach oben setzen, aber ich darf es nicht.«

Die Lesbe kniff ihre Augen zu kleinen Schlitzen zusammen: »Na gut, hier haben Sie das Geld. Aber versuchen Sie nicht noch mal, mich übers Ohr zu hauen!«

Bevor ich protestieren konnte – denn reingelegt wird im Pfandhaus niemand –, schnappte sie sich die Hand ihrer ebenso streitlustigen Freundin, und die beiden zogen plötzlich versöhnt davon. Ein toller Beziehungstrick: Einfach den Ärger miteinander auf andere projizieren, dann eine Front bilden, und schon sind die eigenen Probleme Geschichte …

Bei manchen Streit-Paaren hilft aber doch nur noch die Scheidung – die uns wiederum jede Menge Ärger bescheren kann. Einmal stöckelte eine Frau Anfang vierzig ins Pfandhaus, sehr schick gekleidet in einem cremefarbenen Kleid, mit passender Perlenkette und einem dunkelblauen Trenchcoat.

»Ich würde gerne wissen, ob mein Mann hier Schmuck von mir abgegeben hat.«

»Das darf ich Ihnen nicht sagen«, antwortete ich, »das fällt unter Datenschutz.«

»Ja, aber die Sachen, die er abgegeben hat, gehören alle mir!«

»Das müssen Sie mit Ihrem Mann klären.«

»Von dem lasse ich mich gerade scheiden!« Und schon war der Damm gebrochen. Die Dame holte ein weißes Spitzentaschentuch aus ihrer Handtasche, mit dem sie sich die Tränen unter den Augen wegtupfte. »Ich muss unbedingt meinen Schmuck wiederbekommen. Was kann ich denn da tun?«

»Wenn Sie in Scheidung leben, haben Sie doch sicher einen Anwalt. Der soll dafür sorgen, dass Ihr Mann Ihnen den Pfandschein aushändigt. Dann können Sie Ihre Sachen bei mir abholen. Oder Sie melden die Sachen als gestohlen und Ihr Anwalt erstattet Anzeige gegen Ihren Mann.«

»Wie viel Zeit habe ich denn noch, bis mein Schmuck versteigert wird?«

Mein Herz ist nicht aus Stein, und wenn eine weinende Frau vor mir steht, kann ich nicht anders, als ihr so weit zu helfen, wie ich darf. Ich schaute in den Computer und sah, dass ihr Mann tatsächlich Schmuck bei uns abgegeben hatte – gleich einen ganzen Batzen: Wir hatten ihm 15 Pfandscheine ausgestellt für verschiedene Ketten, Ringe und Armreifen.

»Am Montag in einem Monat ist die nächste Versteigerung«, verkündete ich der Dame.

»Ha! Sie geben also zu, dass mein Mann hier Sachen abgegeben hat.«

»Nein, das tue ich nicht. Ich habe nur gesagt, dass es schon ein Datum für die nächste Versteigerung gibt. Und bis dahin sollten Sie die Sache geklärt haben.«

»Danke«, sagte sie schniefend und verabschiedete sich. Mit Hilfe ihres Anwalts besorgte sie sich tatsächlich die Pfandscheine und löste ihre Geschmeide zwei Wochen später aus. Natürlich nicht, ohne dabei eine nicht enden wollende Schimpftirade über ihren Mann loszulassen.

Es ist immer das Gleiche: Nach der Trennung erzählen die Leute unaufgefordert ihre Ehegeschichten –

und zwar nicht die angenehmen, sondern die, die zur Trennung führten. Es sprudelt nur so aus ihnen heraus, egal ob Frau und Mann. Ich denke mir dann immer nur: Hallo! Ich bin Pfandleiher und kein Seelsorger. Für so etwas habe ich eigentlich keine Zeit. Oft wartet bereits der nächste Kunde.

Aber natürlich muss ich nach außen hin einfühlsam sein – allein schon aus geschäftlichem Interesse. Denn ein schnelles »Das interessiert mich nicht!« kann mich einen Kunden kosten und außerdem zu weiteren Gefühlsausbrüchen führen. Bei angeschlagenen Scheidungsopfern ist daher die Kunst der Diplomatie gefragt.

Sobald die Scheidung durch ist, beruhigen sich die Gemüter. Statt Gefühlen zählt ab sofort das Geld. Die Exgattinnen leeren dann gerne mal eine Tasche voller Schmuck auf dem Tresen aus. Sie wollen einen Schlussstrich ziehen und sagen: »Ich will nichts mehr davon sehen, das habe ich alles von meinem Exmann geschenkt bekommen.«

Da ich weiß, dass diese Damen nicht vorhaben, ihre Juwelen jemals wieder auszulösen, verweise ich sie an unsere Ankaufabteilung. Die ist zuständig für die »Auf Nimmerwiedersehen«-Geschäfte.

Geschiedene Männer machen meist auf supercool: »Ein Glück, dass ich die Schlampe endlich los bin«, teilen sie mir jovial mit, oder: »Wissen Sie was? Ich hab schon 'ne Neue.« Das sind dann auch die, die ihre Eheringe versetzen. Ein guter Ehering bringt immerhin zwischen 100 und 500 Euro.

Auch verheiratete Männer überlassen mir ab und zu ihren Trauring, weil der das Letzte ist, was sie an Wertvollem besitzen. Aber diese Typen kommen meist schon nach wenigen Tagen zurück, um das gute Stück wieder auszulösen. Denn ihre Ehefrauen finden diese Aktion gar nicht lustig. Wenn es um den goldgewordenen Beweis der Liebe geht, ist mit ihnen nicht zu spaßen.

Mich indes bringt etwas ganz anderes aus der Fassung: nämlich Menschen, die versuchen, mich hinters Licht zu führen. In einem Fall hatten wir wegen so einer Person sogar mal die Polizei im Haus.

Ein ziemlich ungepflegter Kerl mit Knollennase gab bei uns 17 kleine Silberanhänger ab – solche, die man an ein Armband hängt. Es handelte sich um ungetragene Neuware, noch fein säuberlich in Folie verpackt. Pro Anhänger bekam er von mir einen Fünfer, insgesamt machte das also 85 Euro. Einige Wochen später stand er wieder vor mir und wollte ein paar Ringe verpfänden. Doch ich lehnte ab, weil sie schlecht verarbeitet waren.

»Aber das sind gute Ringe!«, wiederholte er mehrmals. »Gute Ringe! Wie kommen Sie dazu, die nicht zu nehmen? Vertrauen Sie mir nicht? Wissen Sie was? Dann nehme ich jetzt auch gleich meine anderen Sachen wieder mit.«

Bitte, von mir aus ... Ich holte die Anhänger hervor, legte sie auf den Tresen und ging noch mal kurz zum Computer, um den Endbetrag auszudrucken. Er schob währenddessen die Teile auf dem Tresen hin und her und behauptete auf einmal: »Es sind nur noch 16. Ein Anhänger fehlt.«

Eigentlich kann das nicht sein. Beim Einliefern werden die Pfänder genau überprüft, wenn nötig abgezählt und dann verpackt. Bis der Besitzer sie wieder auslöst, kommt an dieses Paket keiner dran.

Aber als der Krawallmacher seinen nächsten Satz aus-spuckte, war mir schon klar, was sein Plan war: »Der Anhänger, der fehlt, ist der teuerste von allen: Der hat 70 Euro gekostet«, informierte er mich. Was für ein Zu-fall, dass ausgerechnet der verschwunden war …

»Ich kann mir nicht vorstellen, dass da etwas fehlt«, entgegnete ich.

»Doch! Und Sie haben es gestohlen!«

»Ich stehle keine Silberanhänger für fünf Euro, da können Sie sicher sein.«

Er tobte wie Rumpelstilzchen im Märchen. Nur leider versank er trotz des ganzen Gestampfes nicht wie der andere Giftzwerg im Erdboden.

»Wenn Sie mir jetzt nicht sofort die 70 Euro zahlen, rufe ich die Polizei und zeige Sie wegen Diebstahl an!«

Ich bewahrte nach außen hin Ruhe, auch wenn es in meinem Inneren brodelte. »Machen Sie, was Sie für not-wendig halten.« Erpressen lasse ich mich nämlich nicht. Wenn der Anhänger irgendwo verschwunden war, dann wohl eher in der Tasche seiner speckigen alten Lederja-cke.

Der angeblich Bestohlene marschierte raus und kehr-te wenige Minuten später mit einer Polizeistreife und einem siegessicheren Grinsen im Gesicht zurück. Die Be-amten ließen sich von uns schildern, was passiert war, erklärten aber daraufhin, dass ihnen die Hände gebun-den seien: »Das ist eine zivilrechtliche Angelegenheit, dafür sind wir nicht zuständig. Wenn Sie der Meinung sind, Herr Käfer hätte Sie bestohlen, müssen Sie Anzeige erstatten. Das geht nur auf dem Revier.«

Diese Äußerung machte meinen Kunden erst richtig wild: »Ja klar, die Polizei, dein Freund und Helfer …!

Jetzt habe ich mal ein Problem, und Sie wollen nichts tun?«

Hinter den Beamten stauten sich die Kunden, die bereits alle neugierig hinüberlinsten. Daher machte ich dem Giftzwerg ein Angebot zur Güte, um die Sache so schnell wie möglich vom Tisch zu haben: »Ich kann nicht nachvollziehen, wie der Anhänger bei uns verschwunden sein soll. Aber ich bin bereit, dem Herrn den entstandenen Schaden von fünf Euro zu begleichen.«

»Die fünf Euro nehme ich nicht!«, keifte das Rumpelstilzchen. »Das kommt nicht in Frage! Wenn Sie hier was zahlen, dann die 70 Euro, die der Anhänger wirklich wert ist.«

»Entweder, Sie nehmen die fünf Euro, oder Sie gehen jetzt«, sagte ich abschließend. Fluchend und fuchtelnd verschwand der Kerl. Von einer Anzeige hörte ich übrigens nichts. Aber zwei Wochen später tauchte er tatsächlich wieder bei mir auf und meinte lächelnd: »Wissen Sie was, Herr Käfer? Ich will nicht so sein: Ich nehme die fünf Euro.«

Bei so viel Dreistigkeit konnte auch ich mich nicht mehr beherrschen: »Ja sind Sie denn von allen guten Geistern verlassen? Sie glauben doch nicht im Ernst, dass Sie heute von mir auch nur einen Cent bekommen. Nach dem Zirkus, den Sie hier veranstaltet haben.«

»Wieso? Sie haben mir doch die fünf Euro angeboten.«

»Aber das war vor zwei Wochen. Ich möchte Sie hier nicht mehr sehen, Sie haben ab sofort Hausverbot. Machen Sie's gut.«

Ich habe keine Lust auf Leute, mit denen ich mich ewig herumstreiten muss. So wie mit dem Kerl, der mir eine Uhr zum Neupreis von 50 000 Euro anbot, ohne die Originalpapiere vorzuweisen. Als ich ihm ein Angebot von 5000 Euro machte, flippte er aus – und ich spreche hier von einem Herrn im feinen Nadelstreifenanzug, dem ich eine gute Ausbildung und einen exzellenten Status zutraute.

»Sind Sie verrückt?«, fauchte er erzürnt. »5000 Euro – das ist ja wohl ein Witz!«

Was viele Kunden nicht verstehen: Bevor ich etwas annehme, muss ich mir sicher sein, dass der Wiederverkaufswert gut ist. Und das war ich in diesem Fall nicht. Denn diese Uhr war zwar teuer, aber nicht beliebt. So etwas liegt in den Geschäften wie Blei. Es gibt zum Beispiel auch Rolex-Modelle, die sich nicht verkaufen. Die will kein Mensch, nicht neu und schon gar nicht getragen. Umso mehr freuen sich die Uhrenhändler, wenn ein Kunde in den Laden kommt, der nicht die geringste Ahnung hat. Dem können sie nämlich einen dieser Ladenhüter aufs Auge drücken. Ist ja auch logisch: Verkäufer erhalten immer die höchste Provision auf die Teile, die sich am schlechtesten verkaufen lassen. Warum sollen sie dem Ahnungslosen also eine Uhr empfehlen, die ihnen sowieso zweimal pro Tag aus den Händen gerissen wird?

Daher ist es auch der größte Fehler, den Kellner im Restaurant zu fragen: »Welches Gericht empfehlen Sie?« Denn in der Gastronomie läuft es so ab: Bei Schichtbeginn gibt die Küche den Kellnern bekannt, was wegmuss. Das Zanderfilet ist schon seit drei Tagen in der Kühlung? Dann muss es dringend auf den Teller. Somit rät die Bedienung natürlich dringend zum Fisch und nicht etwa zur Ente, die am selben Tag frisch reingekommen ist.

Das heißt nicht, dass der Fisch schlecht ist, man serviert normalerweise nichts, das das Haltbarkeitsdatum überschritten hat. Aber ich gehe trotzdem auf Nummer sicher. Wenn ich mit Freunden im Restaurant sitze und einer von ihnen lässt sich vom Kellner etwas »empfehlen«, weiß ich von vornherein, was ich nicht bestellen werde.

Im Fall der angeblich so wertvollen Luxusuhr blieb ich also bei meinem niedrigen Angebot. Der Kunde war gekränkt und beschimpfte mich munter weiter. Dabei haben meine Entscheidungen nie persönliche Gründe, sondern ich treffe sie im Sinne meines Geschäftes. Wenn ihm die Uhr so gut gefällt und er sie für wertvoll hält, ist das schön und gut, aber das muss ja nicht auf mich zutreffen. Würde ich nur nach meinem Geschmack beleihen, wäre ich pleite. Ich kann auch nicht nach der Optik und dem Charakter des Kunden gehen, denn auch dann könnte ich mein Geschäft bald schließen. Die einzigen Faktoren, die für mich bei der Entscheidungsfindung eine Rolle spielen, sind der aktuelle Wert und der Wiederverkaufswert des Gegenstands.

Darum bin ich auch bei den Preisverhandlungen recht unemotional. Ich zwinge ja niemanden, mit mir ins Geschäft zu kommen. Manche Menschen wollen aber lieber streiten.

»Sie haben anscheinend keine Ahnung, wenn's um Uhren geht«, befand er.

Mit solchen unqualifizierten Äußerungen kann man mich nicht schocken. Im Gegenteil, die bringen mich eher zum Lachen und wecken meine Lust auf Zynismus. Daher antwortete ich nur: »Genau so ist es, mein Herr. Ich habe keine Ahnung, aber Sie wissen bestens Bescheid. Aus dem Grund stehe ich ja auch hinterm Tresen und Sie davor.«

Meinem Kunden entgleisten die Gesichtszüge. Stillschweigend packte er seine Uhr ein und kapitulierte. Gegen einen Eisbären wie mich hat so einer keine Chance.

Urinproben und Heimpornos

Wurde Ihnen schon mal lauwarmes Pipi unter die Nase gehalten? Wenn Sie Arzt, Krankenschwester oder Laborantin sind, dann vermutlich ja. Die restlichen Menschen sollten in der Regel während ihres Berufsalltags von so einem Erlebnis verschont bleiben. Alle – bis auf mich.

»Eine Rose ist eine Rose ist eine Rose«, hat eine amerikanische Dichterin mal gesagt. Sie wollte betonen, dass Dinge genau das sind, was sie sind – und keinen Deut mehr. Vielleicht sollte ich folgenden Spruch einrahmen lassen und ihn über unserem Kundentresen aufhängen: »Ein Pfandhaus ist ein Pfandhaus ist ein Pfandhaus.« Denn viele unserer Besucher scheinen genau das nicht zu verstehen.

So wie der junge Mann im August 2010. Er hechtete die Treppen zu uns hoch, lief zielstrebig auf den Tresen zu und hielt mir einen Plastikbecher mit gelber Flüssigkeit vor die Nase.

»Hier«, meinte er nur knapp, während ich angeekelt auf den vor Wärme beschlagenen oberen Teil des Bechers starrte.

»Was heißt ›hier‹?«, knurrte ich.

»Sie warten doch drauf!«

»Auf was?«

»Na, meine Urinprobe!«

»Wir warten auf vieles, aber sicher nicht auf Ihren Urin.«

Es stellte sich heraus, dass der Kerl ins medizinische Labor ein Haus weiter wollte. Wie er das verfehlen konnte, ist mir ein Rätsel. Wir haben unten am Hauseingang mehrere Schilder und große gelbe Pfeile angebracht, die aufs Pfandhaus hinweisen. Trotzdem gibt es solche Verwechslungen immer wieder.

Deshalb besuchen uns auch Menschen, die auf eine Vorauszahlung des Lohnsteuerjahresausgleichs hoffen. Nebenan hat sich nämlich ein Steuerbüro niedergelassen, dessen neue Klienten gerne mal den falschen Eingang nehmen. Sie legen uns dann ihre Unterlagen auf den Tisch und sagen: »Brauche Geld!«

Ab und zu verirren sich auch ängstliche bleiche Gesellen zu uns. In den zittrigen Händen halten sie ein Blatt Papier und verkünden: »Ich bin geladen. Ich will zum Herrn Kommissar.« In unserer direkten Nachbarschaft befindet sich in der Tat ein Büro der Kriminalpolizei.

Aber es scheint nicht nur schwierig zu sein, die richtige Hausnummer zu finden. Auch bei der Telefonnummer haben die Leute so ihre Probleme. Sie verwechseln »Käfer's Leihhaus« mit der »Käfer-Schänke«, dem Promi-Lokal meines Cousins Michael.

»Wir hätten morgen Abend gerne einen Tisch für vier Personen«, bat kürzlich ein ältlich klingender Anrufer.

Ich gebe bei Anfragen wie diesen (und davon kommen viele) immer folgende Antwort: »Da muss ich schauen, ob wir im Regal noch Platz haben für Sie.«

»Wie darf ich das verstehen?«, schallte es entrüstet zurück.

»Sie sind hier falsch.«

»Ich bin doch bei Käfer, oder?«

»Richtig, aber beim Leihhaus- und nicht beim Delikatessen-Käfer. Bei mir gibt es nichts zu essen. Wenn Sie mal einen Kredit benötigen, können Sie gerne vorbeischauen. Mit gastronomischen Genüssen kann ich allerdings nicht dienen.«

Wahrscheinlich sind an diesen Falschanrufen weniger die Leute selbst als vielmehr die Damen von der Telefonauskunft schuld. Einträge, die mit »Käfer« beginnen, gibt es ja in München spaltenweise, und irgendwelche Schlamperinnen haben anscheinend keine Lust, sich bis zur richtigen Nummer durchzuwursteln. Sonst würde ich nicht so oft Tischbestellungen reinkriegen.

Einmal führte es sogar einen Mitarbeiter von »Feinkost Käfer« – dort ist ebenfalls mein Cousin der Chef – zu uns. »Ich würde gerne einen Kredit aufnehmen«, verkündete der junge Mann, der während seiner Arbeitszeit Kaviar, Trüffelmousse und andere Luxuslebensmittel in die Regale räumte.

»Gerne. Was wollen Sie denn verpfänden?« Er guckte mich an, als hätte ich einen IQ im einstelligen Bereich.

»Na, das ist doch klar, oder?«

»Äh, wieso?«

»Den Kredit nehme ich natürlich auf mein nächstes Gehalt auf. Sobald ich es erhalten habe, zahle ich Ihnen alles zurück.«

Bald zweifelte ich an der IQ-Höhe meines Gesprächspartners. Obwohl ich ihm auf jede erdenkliche Art und Weise versuchte zu erklären, dass das Pfandhaus und die Feinkost-Firma nichts miteinander zu tun haben, fragte er immer wieder: »Aber ich bin doch hier bei Käfer, richtig?«

Einsichtiger war dagegen der ältere Herr mit den Pfand-flaschen. Er stapfte mit vier prallen Plastiktüten zu uns herauf, die er laut klackernd auf dem Boden parkte. Dann stellte er emsig Flasche um Flasche auf den Tresen.

»Stopp, Stopp, Stopp!«, versuchte ich, ihm Einhalt zu gebieten. Aber der Mann mit dem enormen Vollbart und den flinken, mokkafarbenen Augen war viel zu ver-tieft in sein Vorhaben. »Moment, ich hab noch mehr!«, verkündete er und fischte raschelnd weitere aus seinen Tüten.

»Nein, Sie hören jetzt bitte mal auf. Was machen Sie hier eigentlich? Was soll das?«

»Ich möchte Flaschen abgeben.«

»Wir sind ein Pfandhaus, kein Supermarkt.«

»Pfandhaus – Pfandflaschen«, schlussfolgerte er reso-lut und bückte sich wieder runter zu seinen Tüten.

Mit Engelszungen redete ich eine Viertelstunde lang auf ihn ein und machte ihm schließlich klar, dass er bei uns mit seinen Flaschen an der falschen Adresse war. Aber erst, nachdem ich ihm den Fußweg zum nächsten Supermarkt auf ein Stück Papier gemalt hatte, zog er beruhigt von dannen, allerdings nicht, ohne eine letzte spitze Bemerkung zu brummen: »Ein Rat für die Zu-kunft: Wenn Sie kein Pfand annehmen, sollten Sie sich vielleicht besser nicht ›Pfandhaus‹ nennen.«

Also müsste es eigentlich heißen: »Ein Pfandhaus ist ein Pfandhaus ist *kein* Pfandhaus?«

Vielleicht sollte man sich wirklich mal eine neue Bezeichnung überlegen. Aber um es allen Vorbeigehen-den verständlich zu machen, müsste diese ganz schön lang sein. Dann stünde auf dem Schild über unserem Eingang: »Wir-leihen-Ihnen-Geld-für-Ihre-Wertsachen-

Haus«. Im-merhin würden wir dadurch Episoden wie die nächste von vornherein ausschließen.

Zahlreiche Menschen denken nämlich, dass sie sich in einem Leihhaus etwas leihen können. Eine Rolex zum Beispiel oder einen Smoking.

»Ich gehe morgen in die Oper«, verkündete mir mal ein zirka Zwanzigjähriger. »Haben Sie auch einen Schwalbenschwanz?«

»Da sind Sie hier falsch«, antwortete ich mal wieder.

»Ich bin doch bei einem Leihhaus gelandet, oder?«

»Ja, aber wir verleihen Geld und keine Kleidung!«

Wieder andere nehmen unseren Werbeslogan zu wörtlich: »Sofort Bargeld« steht unten groß am Hauseingang. Es gibt tatsächlich Kunden, die hereinkommen und sagen: »Ich will Bargeld!«

»Das können Sie gerne bekommen. Was haben Sie denn mitgebracht?«

»Wieso mitgebracht?«

»Sie müssen etwas mitbringen, um von uns etwas zu bekommen. Wir sind ein Pfandleihhaus.«

»Ich hätte meinen Ausweis da.«

»Das reicht leider nicht. Dafür kann ich Ihnen kein Geld geben.«

»Aber draußen steht doch: ›Sofort Bargeld‹!«

»Aber nur im Tausch für einen Wertgegenstand, verstehen Sie?«

Solche Leute können einen ganz verrückt machen. So wie die Afrikanerin, die im Dezember 2009 einen Berg Menschenhaare auf meinem Tresen ausbreitete.

»Gute Qualität!«, versprach die Frau, deren Kopf unzählige kleine Zöpfe zierten, die hinten in einem dicken Pferdeschwanz zusammengehalten wurden.

Sehe ich aus wie ein Frisör? Manchmal habe ich das Gefühl, in einem Fundbüro zu arbeiten, in dem die Menschen all das loswerden wollen, was Ihnen gerade so zwischen die Finger gekommen ist.

Die Dame packte also Haare aus. Schwarze, wellige, glänzende Haare, in dicke Strähnen abgeteilt und von Gummibändern zusammengehalten.

»Ich habe Haarstudio«, erzählte sie in gebrochenem Deutsch. Echtes Haar ist ja nicht billig, das weiß sogar ich. Aber da ich kein Fachmann in diesem Bereich bin, konnte ich unmöglich feststellen, ob diese Strähnen von Wert waren oder nicht. Außerdem habe ich keine Möglichkeit, die Haare fachgerecht zu lagern, ohne dass sie völlig verstauben.

»Ich kann die Haare nicht annehmen, und persönlich brauche ich auch keine. Glücklicherweise habe ich noch genug davon«, sagte ich und zeigte auf meine kinnlange Mähne.

»Aber ich haben Steuerzahlung«, meinte sie mit flehendem Blick. Ja, so ist das bei Kleinunternehmern. Die Steuervoraus- und -nachzahlungen treffen sie wie ein Tiefschlag. Im ersten Jahr nach der Geschäftsgründung zahlen sie als frischgebackene Selbständige gar keine Steuern. Im zweiten Jahr wird dann abkassiert fürs vergangene, fürs aktuelle und fürs nächste Jahr – die volle Ladung. Das ist der Grund, warum viele Existenzgründer am Ende des zweiten Jahres schon vor der Existenzvernichtung stehen. Aber auch, wenn ich Mitleid mit dem Mädel hatte, Geld erhielt sie von mir für ihre Haare nicht.

Genauso wenig wie die vielen Geschäftemacher, die mir fast täglich große Bauwerkzeuge anbieten: Kreissägen, Presslufthammer und Ähnliches. Das sind keine Hobby-Geräte aus dem Baumarkt, sondern Profimaschinen von irgendeiner Baustelle. So ein Presslufthammer kostet um die 1000 Euro und ist für den einen oder anderen Saison-Bauarbeiter offenbar ein lukratives Zubrot. Wenn der Auftrag beendet ist, nehmen sie nicht nur ihren Hut, sondern auch gleich wertvolles Arbeitsmaterial mit. Die Baubranche hat extrem unter diesen Diebstählen zu leiden. Nachts setzen viele Bauunternehmer inzwischen Wachdienste ein, um das Schlimmste zu verhindern. Den zahlreichen Anrufen nach zu urteilen, die immer noch bei mir eingehen, scheint diese Abschreckungsmaßnahme aber nicht wirklich zu fruchten. Zumindest genügt ein »Nein« am Telefon, um mir diese Gerätschaften vom Leib zu halten.

Bei Kleinschrott sieht es anders aus: Den tragen die Leute munter zu uns herein – so feierlich, als hätten sie die Grabbeigaben eines Pharao in den Händen. Darunter sind Schätze wie alte Küchenquirle, Heizdecken, gebrauchte Rasierapparate oder abgegriffene Füllfederhalter. Solche Menschen nenne ich »die Entsorger«. Denn das, was sie mir in den höchsten Tönen anpreisen, gehört eigentlich nur noch auf die nächste Müllhalde. Trotzdem tun sie ganz wichtig und erklären: »Wir brauchen das Geld nur für zwei Tage, danach lösen wir unser Pfand ganz sicher wieder aus.«

Interessant ist, dass immerhin mehr als die Hälfte derer, die mir zuerst ihren Abfall bringen, später doch noch mal mit Goldschmuck oder ähnlichen Pretiosen auftauchen. Es ist ja nicht so, dass sie nichts Wertvolles mehr hätten. Aber sie denken halt, sie könnten mir vielleicht doch zuerst das Gerümpel andrehen.

In solchen Situationen kommt es häufig zum Bumerang-Effekt: Jemand trägt ein Pfand her, zum Beispiel einen Röhrenfernseher aus den 70er Jahren. Ich lehne ihn ab, der Kerl zieht von dannen. Aber statt das schwere, wertlose Ding nach Hause zu schleppen, stellt er es vor unserer Haustür ab und verschwindet. Der Fernseher steht dann da, bis der Nächste vorbeidackelt und ein Geschäft wittert. Er kombiniert: Fernseher, Pfandleihhaus – prima! Er schleppt das Gerät zu uns hoch. Wieder folgt eine Abfuhr, und auch er deponiert das Gerät unten vor der Tür. Bis zu fünfmal täglich habe ich auf diese Weise ein und dasselbe Pfand auf dem Tresen stehen gehabt. Bis einer die Gnade hatte, es zum nächsten Pfandhaus zu hieven …

Das Abschieben von Unerwünschtem passiert allerdings auch auf einem ganz anderen finanziellen Level. Eine bekannte Galeristin aus München, die ich vom Grüß-Gott-Sagen auf einigen Vernissagen kannte, rief eines Tages aufgewühlt an: »Ich habe da ein paar ganz, ganz tolle Gemälde, alle von Spitzenkünstlern! Würden Sie die beleihen? Ich brauche dringend einen Kurzkredit.«

In der Kunstszene kenne ich mich einigermaßen gut aus. Doch die Künstlernamen, die sie mir anschließend runterratterte, hatte ich noch nie gehört. Dies tat ich ihr auch kund.

»Aber das sind große zeitgenössische Talente, sehr wertvoll«, legte sie hektisch nach.

»Wie viel brauchen Sie denn?«

»20 000 Euro.«

Eine ganz schöne Stange Geld. Und das für Bilder, deren Wert ich überhaupt nicht einschätzen konnte.

Darum sagte ich: »Gemälde kann ich aus Platzgründen nicht nehmen, tut mir leid.«

Ich konnte mich aber entsinnen, dass die Frau immer recht aufgetakelt war. Sie trug großes Geschmeide, besonders eine brillantierte Cartier-Uhr war mir im Gedächtnis geblieben. Als ehemaliger Besitzer mehrerer Schmuckläden interessiert mich nicht das Outfit von Damen, sondern deren Juwelen. Und diese Frau behängte sich damit wie ein exklusiver Weihnachtsbaum. Also musste sie doch auch etwas Richtiges zum Verpfänden haben.

Ich hakte nach: »Wenn Sie das Geld wirklich brauchen, lassen Sie uns doch über Ihren Schmuck und die Uhren sprechen. Da könnten wir auf jeden Fall was machen.«

Am anderen Ende der Leitung wurde es mucksmäuschenstill – die Ruhe vor dem weiblichen Sturm, denn plötzlich keifte sie hysterisch: »Das ist ja eine Frechheit! Kommt gar nicht in Frage!« Mit diesen Worten knallte sie den Hörer auf. »Dann tut es mir leid«, sagte ich nur noch zu mir selbst.

Diese unschöne Szene bestärkte mich in der Annahme, dass die Dame mir nur ihre Ladenhüter hatte andrehen wollen: Bilder, die schon seit Jahren in der Galerie hingen oder in Hinterräumen verstaubten. Hätte sie wirklich dringend Geld benötigt, wäre sie auf meinen Vorschlag mit dem Schmuck eingegangen. Ich bin froh, dass ich mich auf diesen Deal nicht eingelassen habe. Inzwischen gibt es kaum noch Pfandleiher, die Bilder von Galeristen annehmen. Die neigen nämlich dazu, ihre ach so tollen Kunstwerke doch nicht wie versprochen wieder abzuholen, und dann sitzt man da mit Bildern, die niemand haben will und die somit keinen Pfifferling wert sind.

Trotzdem sind mir diese Gemälde noch lieber als die sehr persönlichen Fotos, die mir einige Kunden präsentieren. Das sind nämlich Bilder, die ich wirklich nicht sehen will. In private Fotogalerien erhalte ich immer dann Einblick, wenn jemand sein Handy verpfänden will. Bevor wir es annehmen, muss er demonstrieren, dass das Gerät einwandfrei funktioniert. Letztens zeigte mir ein Zwanzigjähriger ohne mit der Wimper zu zucken die gespeicherten Fotos einer nackten Blondine. »Des is mei Freindin!«, erzählte mir der Sonnenbankgebräunte mit der Gel-Frisur stolz und startete auch gleich noch ein kleines privates Pornofilmchen. »Sehen Sie: Alles funktioniert bestens«, sagte er feixend, und sein Lachen vermischte sich mit dem ausgelassenen Stöhnen aus seinem Handy.

»Danke, reicht schon«, knurrte ich und drehte mich leicht beschämt weg. Bei dem Gerät schien alles in Ordnung zu sein, aber im Oberstübchen dieses Kerls waren unverkennbar ein paar Schrauben locker.

Wobei er mit seiner stark ausgeprägten Freizügigkeit, die fast schon an Exhibitionismus grenzt, ja nicht alleine dasteht: Wir leben im Zeitalter von Facebook, YouTube und Twitter. Die jüngeren Generationen zwischen 18 und dreißig freuen sich, wenn sie möglichst viele Zuschauer haben bei fast allem, was sie tun. Und wenn man vom Erlebten auch noch Fotos machen und in aller Welt herumzeigen kann, dann umso cooler.

Das Handy ist für diese Spezies das Allerheiligste. Genau dieser Hype hat uns einmal fast an den Rand des Wahnsinns getrieben. Den jungen Leuten sind die gefühlten fünfzig Klingeltöne, die man auf dem Gerät auswählen kann, ja nicht genug. Deswegen laden sie sich zusätzlich noch die neuesten Hits herunter oder Wies'n-Knaller wie das »Fliegerlied« von Tim Toupet, mit dem Refrain, zu dem alle immer wie kleine Kinder mittanzen: »Und ich flieg, flieg, flieg wie ein Flieger, bin so stark, stark, stark wie ein Tiger ...«

Nun hatte einer unserer Kunden wohl vergessen, den Wecker seines Handys zu deaktivieren, bevor er es bei uns abgab. Und so hörten wir fortan jeden Mittag um 13 Uhr (für einen Teil unserer Klientel offenbar die übliche Aufstehzeit) zwangsweise den selben Teil des Songs: »Heut ist so ein schöner Tag, la, la, la, la, la. Heut ist so ein schöner Tag, la, la, la, la, la ...« Dies über viele lange Minuten – Mittag für Mittag ... Das Problem: Wir hatten keine Ahnung, von welchem Handy der nervige Weckruf ausging. Fassungslos stand ich mit einem Mitarbeiter vor einer ganzen Wand verpackter Mobiltelefone, ohne Chance, herauszufinden, welches Paket gerade klingelte. Gott sei Dank gab nach zehn Tagen der Akku seinen Geist auf.

Vor Versteigerungen geht die Arbeit mit den Elektrogeräten übrigens erst richtig los. Denn da kontrollieren wir, ob wirklich alle privaten Informationen von den jeweiligen Computerfestplatten, Kameras oder Spielkonsolen gelöscht sind. Auch auf solchen Geräten haben wir schon erotische Eigenproduktionen entdeckt.

Einer meiner Mitarbeiter ist nur damit beschäftigt, das ganze Zeug zu löschen. Bei Laptops ist das besonders zeitaufwendig. Da geht es schon mit den Hintergrundbildern los: Einmal ziert den Bildschirm eine harmlose Landschaftsaufnahme, mal sind es Blumen, dann düstere

Gothic-Szenen. Und Kunden, denen das alles nicht sexy genug ist, speichern sich Fotos von eigenen oder ihnen bekannten Geschlechtsteilen ab. Als Hintergrundbild!

Um das Gerät datentechnisch wieder in den Lieferzustand zu versetzen, müssen wir die Wiederherstellungssoftware starten. Eigentlich ganz einfach. Aber manchmal hat so eine Leuchte von User genau dieses Programm gelöscht, um mehr Platz für anderen Schund zu haben. Oder es ist in irgendeinem Unterordner versteckt. Auf der Suche danach stoßen wir dann schon mal auf die eine oder andere Obszönität. Ein Mann zum Beispiel hatte sich eine ganze Damen-Galerie angelegt – ein Ordner für jede flachgelegte Grazie: Nadja, Tina, Evi, Cindy … Und gerade das war ein Typ, von dem ich optisch nie gedacht hatte, dass er einen Lauf bei Frauen hat.

Es ist unbeschreiblich, wie achtlos manche Menschen mit ihren Daten und Aufnahmen umgehen. Man bekommt von ihnen alles zu sehen, was das Leben so hergibt. Die Besitzer der Geräte sind anscheinend völlig schamlos, es interessiert sie gar nicht, wer sich das Material nachher anschauen könnte. Bei uns sind die Daten zwar sicher, aber wenn sie in falsche Hände geraten würden, könnten sie leicht irgendwo im Netz landen, auf mal mehr, mal weniger harmlosen Seiten. Jemand, der in dem Bereich geschäftstüchtiger wäre als ich, würde sich von den Besitzern gleich die Rechte schützen lassen, denn aus den Filmchen, die wir im Pfandleihhaus schon ausschnittsweise gesehen haben, könnte man eine prima Reality-Show machen. RTL2 würde sich sicher freuen.

Aber wie wir spätestens seit Paris Hilton wissen, können Sextapes auch für jede Menge Ärger sorgen. Einmal kam es genau vor meiner Nase zum Porno-Eklat: Ein 19-Jähriger hatte auf seinem Handy gerade ein schlüpfriges Filmchen gestartet, als eine Blondine mit Minirock (eigentlich war es nicht mehr als ein breiter Gürtel) zu uns hinaufhetzte. Auch meine Augen hetzten – und zwar zwischen dem Handydisplay und dem Mädel hin und her. Das war doch – ja, genau! Oh, das würde Ärger geben …

»Schaahatz, ich hab noch was vergessen«, trällerte die noch gutgelaunte Besucherin – und verstummte abrupt, als sie sah, dass ihr Freund mir gerade eine Privatvorführung ihrer gemeinsamen rhythmischen Sportgymnastik gab. Sie hörte sich nämlich selber leise stöhnen.

Es folgte eine hässliche Szene: Wie eine wild gewordene Tigerin fuhr die Langbeinige ihre rosa lackierten Acrylnägel aus und stürzte sich auf ihre Flamme. »Zeigst du dem etwa unsere Aufnahmen? Ich raste aus!!« Mit den Spitzen ihrer Highheels trat sie dem Jungen gegen das Schienbein, riss ihm das Handy aus der Hand und warf es mit so viel Karacho auf den Boden, dass es in mehrere Einzelteile zerschellte. Während der Jüngling noch entsetzt auf den in alle Himmelsrichtungen verstreuten Elektroschrott blickte, bückte sich die Blondine, fischte die Chipkarte aus dem Gerät und drückte sie so fest zusammen, dass sie in der Mitte zerbrach. »Weißt du was, du Arschloch? Du kannst mich mal!«, zischte sie. »Solche Filmchen kannst du in Zukunft alleine drehen! Mit uns ist es aus!«

Und schon raste sie die Treppen runter. Kleinlaut sammelte der Geschlagene die Einzelteile auf und meinte nur: »Na, das wird jetzt wohl nichts mehr mit dem Verpfänden, oder?«

Ich schüttelte nur still den Kopf.

»O Mann, ich hätte sichergehen sollen, dass die Alte in der U-Bahn sitzt«, seufzte er noch. Die zwei hatten sich nämlich vor dem Pfandhaus verabschiedet, und seine Freundin hatte eigentlich nach Hause fahren wollen. Sie war ihrem Erotik-Steven-Spielberg aber dann doch gefolgt, um ihm noch etwas Wichtiges zu sagen. Was, würde er jetzt nie herausfinden. Aber das war ihm wohl auch egal, denn schlimmer als die schlagartige Trennung von seiner Freundin schien ihm der Verlust seines Handys zu sein. Sauer schaute er auf die Plastikteile in seinen Händen: »Das Ding hat 400 Euro gekostet!« Die Dreharbeiten waren jedenfalls eindeutig beendet. Klappe, die letzte, sozusagen.

Wirklich traurig hat mich dieses Ende nicht gestimmt, gebe ich zu. Leider war es bis jetzt das einzige Mal, dass eines dieser Großmäuler die verdiente Quittung bekommen hat.

Darum geht die Prahlerei auch immer schön weiter. Ich warte nur noch auf den Tag, an dem ein Spinner das Intimpiercing seiner aktuellen Flamme verpfänden will. Nach zehn Jahren als Pfandleiher wundere ich mich nur noch über eins: nämlich darüber, dass ich mich überhaupt noch wundern kann. Aber die Welt ist eben unergründlich.

Nach dem Tod erwacht die Gier

Erst hörte ich dieses schmatzende Geräusch. Es klang ungefähr so, als würde man den Saugnapf eines Navigationsgerätes mit einem Ruck von der Autoscheibe ziehen. Dann lag es vor mir: ein künstliches Gebiss. Obere Kauleiste, untere Kauleiste, mit rosigem Kunststoff-Zahnfleisch und beigefarbenen Beißerchen. Ein bisschen Restspucke lief daran herab und tropfte auf den Tresen.

Mich schüttelte es.

Der Besitzer dagegen war bester Dinge: Vor mir stand ein Mann um die achtzig mit silbernem Haar, Karohemd und Lederweste. Er grinste fröhlich vor sich hin. »Wasch können Schie mir dafür tschalen?«, nuschelte er, so gut es eben ging ohne Zähne.

»Gar nichts«, ächzte ich. »Ich kann doch keine Zähne annehmen!«

»Wiescho nicht? Drei davon schind doch ausch Gold!«

»Kommt nicht in Frage. Dann können Sie ja gar nichts mehr essen!«

»Dasch musch ich auch nich. Ich musch nur trinken«, bekräftigte er, und sein hochprozentiger Atem verriet mir, dass er das an diesem Tag schon reichlich getan hatte.

»Also wirklich. Wir sind hier nicht im Dentallabor

oder beim Zahnarzt. Schieben Sie sich Ihre Zähne bitte wieder in den Mund.«

Der Mann krallte sich die zwei Prothesen und befestigte sie mit routinierten Bewegungen am Kiefer. »Schade, wirklich schade«, sagte er nun deutlich und schlurfte von dannen.

Ich schätze durchaus den Schneid von alten Menschen. Diese »Ist mir doch egal«-Mentalität. Sie haben in ihrem Leben schon so viel erlebt und gesehen, dass ihnen nichts mehr peinlich ist – der ideale Nährboden für verrückte Aktionen wie die mit dem Gebiss. In diesem Fall hatte ich Glück: Mein Gegenüber gab sich schnell geschlagen. Das kommt bei der Altersgruppe Ü70 recht selten vor. Viele von ihnen sind zäh und debattieren bis zum Gehtnichtmehr. Das kann ganz schön anstrengend werden.

Andererseits macht es aber auch Mut. Schließlich werden wir alle mal alt. Und wenn man dann noch so gut zanken kann, ist das prima.

Viele Rentner erzählen rührende Geschichten aus einer Zeit, die ganz anders war als unsere Gegenwart. Eine Dame brachte mal eine goldene Medaille mit, die ihr zum vierzigjährigen Dienstjubiläum überreicht worden war. »Ich weiß noch genau, wie mir mein Abteilungsleiter die umgelegt hat«, erinnerte sie sich mit leuchtenden Augen. »Das werde ich nie vergessen.«

Andere bringen Uhren, auf deren Rückseite ihnen für »25 Jahre treue Mitarbeit« gedankt oder »Alles Gute zur Pensionierung« gewünscht wird. Ob es so was heute noch gibt?

Leider liegt der reale Wert solcher Präsente weit unter dem persönlichen. Denn die meisten Uhren sind so stark graviert, dass man den Schriftzug unmöglich abschleifen kann. Bei einer Versteigerung werde ich diese Schmuckstücke daher nur schwer wieder los. Wer will schon eine Uhr tragen, auf der steht: »Danke, Herr XY, für Ihren dreißigjährigen Einsatz!«? Ohne den persönlichen Firlefanz könnte ich unseren Kunden mehr Geld dafür geben.

Natürlich haben nicht alle Senioren so nette Erinnerungen an ihre Karriere im Schrank. Um einen finanziellen Engpass zu überbrücken, bringen sie auch andere Dinge zu uns, die sie in ihrem Alter nur noch selten benutzen: etwa Reisepässe oder Führerscheine. Die kann ich selbstverständlich nicht annehmen, auch wenn mir der jeweilige Besitzer noch so leidtut. Ein Führerschein als Pfand funktioniert vielleicht in der Kneipe, wenn man mal sein Bier nicht zahlen kann, aber nicht bei uns.

Dann sind da noch die Spezialisten, die mit Grundbuchauszügen antanzen und denken, das würde zum Beleihen reichen. Ein eleganter älterer Herr im dunkelblauen Nadelstreifenanzug und mit weißer Föhnfrisur tauchte bei uns mit einem großen Kuvert in der Hand auf, das er theatralisch öffnete.

»Was haben Sie da?«, fragte ich neugierig.

»Etwas ganz Besonderes. Sehr wertvoll!«

Er hielt mir ein Foto hin. Darauf zu sehen: ein ockergelb gestrichenes Haus mit ordentlichen, roten Dachschindeln und einem akkuraten weißen Holzzaun davor.

»Was ist das?«

»Mein Haus in Ungarn. Sollte eigentlich mal unser Alterswohnsitz werden. Ganz in der Nähe vom Plattensee! Mit riesigem Grundstück! Hier sind alle Papiere.« Der

Mann erklärte, dass er dringend einen Kredit brauche – ich solle ihm doch bitte sein ungarisches Domizil beleihen.

»Das wird schwierig«, erwiderte ich. »Denn Sie sind hier in einem Leihhaus. Um bei uns Geld zu bekommen, müssen Sie uns etwas Handfestes hierlassen. Papiere reichen nicht. Ich empfehle Ihnen für so etwas die nächste Bank.«

»Ach, mit den Banken, das ist immer so schwierig …«

»Aber die werden die Einzigen sein, die Ihnen für das Haus etwas geben.«

»Dafür habe ich keine Zeit. Es muss schnell gehen! Ich brauche das Geld sofort.« Er blickte jetzt etwas gehetzt. »Wollen Sie mir das Haus vielleicht abkaufen?«

»Nein danke. Ich brauche keinen Wohnsitz in Ungarn.«

»Aber ich verkauf's Ihnen günstig!«

»Nein danke.«

»Und was machen wir jetzt?«

»Was Sie machen, weiß ich nicht. Ich muss jetzt leider den nächsten Kunden bedienen. Wie gesagt, ich kann Ihnen nur die Banken empfehlen.«

Diese Immobilie war für mich genauso unbrauchbar wie der Uralt-Fernseher, den ein Mann um die siebzig vorbeibrachte. Oder besser: vorbeibringen ließ. Ein bulliger Kerl schleppte das Röhrengerät mit missmutiger Miene die Stufen zu unserem Tresen hoch. Dahinter folgte der Besitzer: mager, aber drahtig und von Kopf bis Fuß in Rentnerbeige gekleidet. »Der Fernseher bleibt hier!«, verkündete er im Feldwebel-Ton, nachdem der Hüne die Flimmerkiste auf dem Boden abgestellt hatte.

»Grüß Gott erst mal«, entgegnete ich und wies auf den Fernseher. »Tja, der ist leider viel zu alt. Den nehmen wir nicht.«

»Aber schauen Sie ihn sich doch erst einmal richtig an. Das Gerät funktioniert einwandfrei!«

»Das glaube ich Ihnen gerne. Aber für uns sind nur moderne Flachbildfernseher interessant.«

Er schwafelte rum, wie gut in Schuss der Apparat noch sei und dass er unbedingt Bares brauche. Plötzlich meldete sich der Träger zu Wort: »Entschuldigung, aber ich möchte jetzt langsam mein Geld haben.«

»Geld?«, fragte ich irritiert. Warum fragte der jetzt plötzlich auch noch nach Kohle?

»Das ist mein Taxifahrer«, erklärte der Alte mir und wandte sich dann seinem Begleiter zu: »Ich kann Sie leider nicht bezahlen, weil dieser Herr« – er zeigte auf mich – »sich weigert, den Fernseher anzunehmen.«

Wie bitte? Nun ja, dieses Spielchen kannte ich schon. Es gibt immer wieder Kunden, die mir den Schwarzen Peter in die Schuhe schieben wollen.

»Mein lieber Herr«, klärte ich meinen werten Kunden auf, »mir können Sie die Schuld für diesen Schlamassel nicht geben. Hätten Sie vorher angerufen, hätte ich Ihnen gleich sagen können, dass wir den Fernseher nicht nehmen. Das wäre weitaus günstiger gewesen als Ihre Taxifahrt.«

»Was ist jetzt mit meinem Geld?«, forderte der Fahrer, der langsam die Geduld verlor.

»Ja, Moment, das klärt sich gleich«, vertröstete ihn der TV-Besitzer. »Gibt's denn hier noch ein anderes Leihhaus?«, fragte er mich.

»Sicher. Und da Sie Ihren Fahrer schon dabeihaben,

können Sie sich ja gleich hinkutschieren lassen.« Ich notierte ihm die Adresse.

»Ohne Geld fahre ich nirgendwohin!«, knurrte der Fahrer.

»Sie kriegen schon Ihr Geld, keine Angst«, erwiderte der Fernseherbesitzer. »Wir fahren jetzt rüber zu dem anderen Pfandleiher, und der nimmt ihn dann schon. Tragen Sie doch bitte das Gerät runter!«, befahl er dem Fahrer.

Murrend hob der Muskelprotz den schweren Röhrenapparat wieder an und folgte dem durchsetzungsfähigen Senioren die Stufen hinab. Den Taxifahrer hatte er mit seiner Tour ganz schön eingewickelt. Mich dagegen nicht. Kunden versuchen immer wieder, uns unter Druck zu setzen, indem sie uns mit vollendeten Tatsachen konfrontieren. Wenn der Fernseher erst mal da ist, dann müssen wir ihn nehmen – denken sie. Aber so läuft das nicht. Die Leute können nicht ihr Problem zu meinem machen.

Weich werde ich nur bei ganz besonderen Fällen: bei Rentnern, denen man am Körper, an der Kleidung und am ganzen Auftreten anmerkt, dass es ihnen nicht gutgeht. Die stockend und mit matter Stimme von Stromrechnungen erzählen, die sie nicht bezahlen können, und mir das Letzte bringen, was sie haben.

Diese Leute sind ja oft gar nicht in der Lage, sich über die möglichen Unterstützungen, die der Staat für sie vorsieht, zu informieren, geschweige denn, diese zu beantragen. Sie leben völlig vereinsamt seit vierzig Jahren in derselben Wohnung und genieren sich für ihre Situation. Ihnen ist einfach alles zu viel. Wenn solche Menschen vor mir stehen, nehme ich auch schon mal

Mist an, den ich sonst auf jeden Fall ablehnen würde. Obwohl ich genau weiß: Das Geld siehst du nie wieder! Aber bei Rentnern geht es auch nie um große Summen, sondern eher um Kleinbeträge bis fünfzig Euro.

In meinem Büro stehen auf einem schwarzen Aktenschrank Erinnerungen an solche Begegnungen: ein bunter Keramik-Clown, ein Kristall-Briefbeschwerer, ein Messingteller. Das Geld, das ich den Besitzern dafür gegeben habe, kann ich verschmerzen.

Junge Leute, Spinner oder Alkoholiker hingegen gehen mir nicht nahe. Solange sich ein Mensch noch selber helfen kann, denke ich: ›Scher dich nicht drum. Die sollen doch leben, wie sie wollen.‹ Aber bei alten Leuten, die vielleicht niemanden mehr haben, der sich um sie kümmert, kann ich oft nicht anders, als beide Augen zuzudrücken.

Vor neun Jahren hatte ich eine solche Situation. Eine Kundin brachte eine Muschelkette zu mir. Sie gehörte zu den alten Damen, an deren feinen Gesichtszügen man genau erkennen kann, dass sie früher einmal sehr hübsch gewesen sein mussten.

Mit melancholischem Blick ließ sie das Schmuckstück durch ihre Hände gleiten. »Die habe ich auf Sylt gekauft. Vor dreißig Jahren war ich da, mit meinem Mann und meiner Tochter. Walter ist schon lange tot. Eva hat nie Zeit für mich. Und Sylt? Dafür reicht das Geld nicht. Nun ja, wer will schon so ein Erinnerungsstück?« Mit fest aufeinandergepressten Lippen schob sie die Kette zu mir rüber. Eigentlich war das wertlose Ding für mich völlig indiskutabel. Aber da die Dame häufiger zu uns kam und noch andere Pfandkredite aufgenommen hatte, willigte ich ein.

»Mehr als zehn Euro kann ich Ihnen leider nicht geben. In Ordnung?«

Sie nickte stumm.

Doch trotz aller trauriger Erinnerungen schien sie an der Kette zu hängen: Denn in den nächsten acht Jahren verlängerte sie den Pfandvertrag für die Kette immer wieder – auch, als sie ihre anderen Pfänder schon längst ausgelöst hatte.

Eines Tages stand eine Frau Mitte vierzig mit dem Pfandschein für die Muschelkette vor mir. »Den habe ich bei meiner Mutter gefunden«, sagte sie. »Hat sie hier wirklich etwas verpfändet? Davon wusste ich gar nichts.«

»O ja. Wie geht es ihr?«, fragte ich. Wobei ich die Antwort schon erahnte. Wenn eine alte Stammkundin sich lange nicht blicken lässt, kann das nur eins bedeuten.

»Sie ist letztes Wochenende gestorben. Das Herz.«

Ich holte das Päckchen mit der Kette aus dem Regal hervor. Vorsichtig wickelte die Tochter es aus dem Packpapier und hob langsam den Deckel des kleinen Kartons ab.

»Was soll das denn sein?« Sie schaute mich fragend an und streckte mir die kleine Box entgegen. Auf deren Boden befand sich nichts mehr außer einem Häufchen feinsten Sandes. Genau wie die schönen Erinnerungen der ehemaligen Besitzerin war auch die Muschelkette mit den Jahren zerbröselt.

Als ich der Tochter erklärte, was eigentlich darin gesteckt hatte, lief ihr eine Träne die Wange herunter. »Stimmt. An die Kette kann ich mich noch gut erinnern. Das war unser letzter schöner Familienurlaub. Danach zog ich aus, und wir fuhren nie wieder zu dritt weg.«

Es gab schon einige Erben, die vor meinen Augen angefangen haben zu weinen. Aber das sind die wenigsten. Der Großteil ist kalt wie das ewige Eis. Je jünger, desto gnadenloser verhalten sich die Nachlassempfänger. Oma und Opa haben Schätze wie Diamantbroschen, Perlenringe oder goldene Taschenuhren über Jahrzehnte hinweg aufbewahrt – und der Enkel verpfändet sie mir nichts, dir nichts. Den unter 25-Jährigen scheint oft jede Sentimentalität abhandengekommen zu sein. Hauptsache Geld …

Viele, die mit einem Pfandschein der Großmutter daherkommen, sind enttäuscht, wenn sie sehen, was dahintersteckt, weil sie größere Kostbarkeiten erwartet haben. Die wenigsten freuen sich, so wie der junge Mann, der mir den Pfandschein seiner toten Mutter vorlegte: »Ich wusste gar nicht, dass Mama noch so ein schönes Armband hatte!« 900 Euro benötigte er, um das 18-karätige Panzerarmband auszulösen. »So viel habe ich nicht«, gestand er mir. Aber er übernahm den Pfandvertrag und sparte das Geld innerhalb eines Jahres zusammen. Nachdem er das Andenken an seine Mutter ausgelöst hatte, ließ er es feierlich in einen kleinen Samtbeutel gleiten, den er extra dafür besorgt hatte. Aber wie gesagt: Diese Pietät ist selten.

Ganz schlimm wird es, wenn eine Erbengemeinschaft anrückt. Denn jeder Einzelne von denen fürchtet ja, zu kurz zu kommen. Eine solche Gruppe stand mal zu fünft vor mir – mit einem einzigen Pfandschein in der Hand.

Als ich ihnen das Pfand vorführte – ein goldenes Armband mit Saphiren –, ging die Diskussion los.

»Vielleicht kann ich das brauchen!«, sagte die eine und legte es sich ums rechte Handgelenk.

»Ich würd's auch tragen!«, zischelte die andere und riss es ihr vom Arm.

»Aber nur, wenn du uns ausbezahlst!«, ging ein Dritter dazwischen. »Was ist es denn wert?«, fragte er mich.

Das ist in solchen Situationen ohnehin die entscheidende Frage. Denn die Erben müssen das Pfand untereinander aufteilen. Und das kann frustrierend sein. Manchmal deckt das Erbstück nach Abzug der Pfandgebühren gerade mal die Fahrtkosten und eine kleine Brotzeit ab.

»Wenn Sie einen verlässlichen Wert fürs Erbschaftsgericht benötigen, sollten Sie einen Sachverständigen beauftragen«, riet ich der Truppe. »Von mir bekommen Sie nur einen aktuellen Materialwert. Der Handelswert ist eine andere Sache. Der wird allerdings gesunken sein, da das Armband schon getragen ist.«

»Aber Gold ist doch Gold und immer wertvoll!«, warf einer der Erben ein. Ich schaute mir das Armband noch mal genau an und nannte den Fünfen mein maximales Kreditangebot.

»Aber das ist doch viel zu hoch«, sagte eine der Grazien, die das Armband unbedingt für sich haben wollte.

»Quatsch, das ist viel zu wenig!«, meckerte der, der plante, es zu verkaufen und den Gewinn durch fünf zu teilen.

Zehn Augen guckten mich an und erwarteten, dass ich Richter und Schlichter zugleich spielte. Nein, danke. »Meine Herren, meine Damen, hier ist nicht der Ort, um solche Diskussionen zu führen«, sagte ich. »Werden Sie sich doch erst mal klar, was Sie wollen. Dann können Sie wiederkommen.« Damit bereitete ich dem geschmacklosen Geziehe und Gezerre ein vorläufiges Ende. Wenn einer erst mal unter der Erde liegt, übertrumpft die Raffgier der Hinterbliebenen schnell alle rührseligen Erinnerungen an den Verstorbenen. Viele von ihnen haben nach dem Leichenschmaus nichts Besseres zu tun, als zu mir zu rennen und den geerbten Schmuck schätzen zu lassen. Eigentlich wollen sie nur eine kostenlose Auskunft: Sie möchten in Erfahrung bringen, wie viel das Schätzchen von der Oma nun wirklich wert ist, um es anschließend über eBay oder bei einem Händler zu verticken. Natürlich geben sie das nicht zu, sondern tun erst mal so, als wollten sie das Schmuckstück wirklich bei mir beleihen lassen. Manchmal bringen sie ganze Schatullen voller Kram mit. Da ist dann alles drin – vom vergoldeten Schlüsselanhänger bis hin zum Diamantohrring.

Aber ich durchschaue diese Taktik sofort. Ihre vielen Fragen sind entlarvend: »Was meinen Sie: Wie viel wäre diese Kette auf dem freien Markt wert?« – »Ist das überhaupt echtes Gold?« – »Wie alt ist die wohl?« So was fragt keiner, der mir was dalassen will.

Handelt es sich nicht um Stammkunden, bin ich natürlich alles andere als erfreut über solche Besuche. Denn Informationen kosten nun mal Zeit und Geld; selbst für eine Tageszeitung muss ich 80 Cent hinlegen. Warum soll ich also mein Wissen umsonst preisgeben?

Wenn bei uns nicht viel los ist und die Leute nett sind, spiele ich das Spiel allerdings manchmal trotzdem mit.

Bei vielen Stücken erkenne ich schnell, dass es kein echtes Gold ist. Bei manchen kann man das aber nur mit Hilfe eines Säuretests herausfinden. Dafür muss ich dann schon etwas verlangen, denn ein Jahresvorrat an Säure und dem restlichen Equipment kostet mich rund 300 Euro. Der Test funktioniert so: Ich nehme das Schmuckstück und reibe es über einen speziellen Schieferstein, auf dem dadurch ein goldfarbener Strich entsteht. Dann streiche ich mit einem Plastikpinsel Säure über den Strich. Anhand der Reaktion kann ich ablesen, ob es sich hier um echtes Edelmetall oder eine Fälschung handelt.

Allerdings landen nicht nur wertvolle Erbstücke bei uns; die Familienangehörigen legen uns auch leicht fragwürdige Überbleibsel auf die Theke. Sie bieten uns beispielsweise Hörgeräte an, die wahrscheinlich gerade erst dem Leichnam aus dem Ohr gezogen wurden. Vor kurzem kam eine junge Frau vorbei, die ein tragbares Sauerstoffgerät abgeben wollte! »Mein Opa hat es nur noch drei Wochen benutzen können«, pries sie den Apparat an. »Es ist also so gut wie neu!«

Das glaube ich gern. Und demnächst nehme ich dann auch Herzschrittmacher und Rollstühle an …

Es gab Zeiten, in denen Pfandleiher froh waren um jedes Teil, das bei ihnen landete. Aber die liegen glücklicherweise schon lange zurück.

Seitdem ich in das Geschäft eingestiegen bin, geht es mit der Branche stetig bergauf – ich kann also getrost das ein oder andere Pfand ablehnen. Wir haben jedes Jahr einen ordentlichen Zuwachs, da darf man sich nicht beschweren. So gesehen, habe ich einen krisensicheren Job, zumal der Andrang bei uns unabhängig ist von der allgemeinen Wirtschaftslage. Ob Krise oder Euro-Hoch – bei uns ist es voll. Denn Leute, die nicht mit ihrem Geld umgehen können, wird es immer geben. Für die macht es keinen Unterschied, ob sie pro Monat 500 oder 5000 Euro zur Verfügung haben, die Kasse ist trotzdem chronisch leer. Auch jetzt, wo die Wirtschaft langsam wieder anspringt, verschulden sich diese Menschen kontinuierlich. Im Zeitalter der Online-Bestellung und des Zahlens mit Kreditkarte gehört das Schuldenmachen ja fast zum guten Ton. Die Gruppe, die alles auf Pump kauft, wächst – und zahlreiche dieser Kandidaten landen früher oder später bei uns Pfandleihern. Weil wir die Einzigen sind, die auch jemandem, der kein Konto hat und Privatinsolvenz angemeldet hat, noch einen Kredit gewähren. An Gegenständen zum Beleihen mangelt es diesen Leuten dank des ausgiebigen Shoppens ja meistens nicht.

Aber während die geldlosen Prasser uns meist Flachbildfernseher, Laptops oder anderen Hightech-Kram überlassen, bringt die ältere Generation Pfänder mit Tradition: Hummel-Figuren, Hutschenreuther-Vasen oder Nymphenburger Porzellan. Jedes Teil müssen wir sorgfältig in Seidenpapier verpacken und bruchsicher verstauen – eine Heidenarbeit!

Am liebsten erinnere ich mich aber an ein ganz besonderes Pfand, das über lange Jahre hinweg immer wieder bei uns Einzug hielt: eine handgeschnitzte Weihnachtskrippe aus Südtirol. 200 Euro erhielt die Besitzerin von mir für den hölzernen Stall und die dreißig liebevoll mit strahlenden Ölfarben verzierten Figuren. Eine alte Dame mit lustigen Lachrunzeln um die Augen, immer freundlich, immer fröhlich, und oft hatte sie eine kleine Überraschung für uns dabei: mal eine Handvoll Bonbons, mal ein paar selbstgebackene Plätzchen. Im Frühjahr und Sommer verlängerte sie den Pfandvertrag regelmäßig, aber vor Beginn der Adventszeit löste sie ihr wichtigstes Dekostück immer aus.

Irgendwann geriet die Dame an einen neuen Mitarbeiter, der sie noch nicht kannte. Es war seine erste Woche, und er wollte daher seinen Job besonders gewissenhaft erledigen. Während die Kundin vor dem Tresen wartete, begutachtete er alle Figuren, zählte sie durch und merkte dann, dass die wichtigste Figur fehlte.

»Entschuldigen Sie, aber die Krippe ist nicht komplett«, sagte er zu ihr. »Das Jesuskind fehlt.«

Die Frau zog erzürnt ihre grauen Augenbrauen hoch und antwortete entsetzt: »Junger Mann, Sie glauben doch nicht ernsthaft, dass ich das Jesuskind ins Pfandhaus bringe!«

Im Nachhinein erklärte ich dem Kollegen, dass die alte Dame das Jesuskind in der Tat noch nie bei uns abgeliefert hatte. Das war auch völlig in Ordnung so – ich wusste, wie wichtig ihr die Krippe war, und konnte darauf vertrauen, dass sie sie stets wieder abholte.

Nach dem Weihnachtsfest 2002 kam sie auf einmal nicht mehr wieder. Normalerweise brachte die Seniorin die Krippe in der ersten Januarwoche zurück. Doch inzwischen war es schon Februar.

Die alte Dame kam gar nicht mehr. Stattdessen legte eines Tages eine Frau Anfang fünfzig den Pfandschein für die Krippe auf den Tresen. »Sind Sie Herr Käfer?«, wollte sie wissen.

Ich nickte.

»Dann habe ich etwas für Sie. Es hat meiner Mutter gehört. Sie war eine Stammkundin von Ihnen.«

Sie holte eine kleine Pappschachtel aus ihrer schwarzen Handtasche. Ich hob den Deckel hoch und nahm den Matchboxauto-großen Gegenstand darin heraus. Langsam befreite ich ihn aus einer dicken Papierserviettenschicht. Und dann lag es das erste Mal vor mir: das

Jesuskind! Eine strampelnde Figur mit weit geöffneten Armen, blondbraunen Locken und großen braunen Augen.

»Meine Mutter ist vor drei Wochen gestorben. Ich weiß, dass sie die Krippe immer hierhergebracht hat. Und ich glaube, es hätte ihr gefallen, dass Sie den Jesus bekommen.«

»Aber dann haben Sie ja keinen mehr!«

»Ach, wissen Sie, Weihnachten wird ohne meine Mutter eh nie mehr dasselbe sein. Da kann ich auch auf das Jesuskind verzichten. Halten Sie es in Ehren!«

Und das tue ich. Es steht auf dem schwarzen Aktenschrank in meinem Büro – zusammen mit den anderen Erinnerungsstücken.

Haus der Kultour

Wenn ich eine Weltreise machen will, bewege ich mich am besten nicht vom Fleck. Denn als Pfandleiher kommt die ganze Welt zu mir – und das täglich. Türken, Russen, Australier und Asiaten stehen vor meinem Tresen, so dass ich mir manchmal fast vorkomme wie am Schalter eines internationalen Flughafenterminals. Fehlen nur noch die Lautsprecher-Durchsagen: »Letzter Aufruf für den Goldring aus …«

Ab und zu wäre ein Megaphon gar nicht schlecht. Um die wild und in verschiedenen Sprachen quasselnde Menge in Schach zu halten, brauche ich nämlich ein extrem lautes Organ. Erst kürzlich musste ich ein donnerndes »Ruhe!« über die Köpfe hinwegschicken. Dann wandte ich mich wieder dem vor mir stehenden Inder mit dem gezwirbelten grauschwarzen Schnäuzer zu: »Und Sie – könnten Sie mir jetzt noch mal Ihren Nachnamen sagen? Langsam, bitte!«

Bei einigen Kunden ist der Name so kompliziert und unaussprechbar, dass ich die Pfänder lieber unter dem Geburtsdatum der Besitzer abspeichern würde. Als zusätzliche Erschwernis haben viele nur einen Reisepass in ihrer Landessprache dabei. So auch der Inder: Alle Angaben in seinen Papieren waren in schnörkeligem Hindi – schön anzuschauen, aber für mich leider absolut unverständlich. Im Pass selbst klebte zwar die deutsche Aufenthaltsgenehmigung, aber der Zettel war so klein und mit derart winzigen Buchstaben bedruckt, dass ich auch darauf den Namen kaum entziffern konnte. »Drtn …« – konnten das die richtigen Anfangsbuchstaben sein?

In besonders schwierigen Fällen kann es eine Viertelstunde dauern, bis ich alle nötigen Informationen beisammenhabe. Eine Philippinin versuchte einmal erfolglos, mir in ihrem ganz eigenen Deutsch ihre Adresse mitzuteilen.

»Lüner Stlaße.«

»Lüner Straße?«

»Nein, Lü-ner!«, entgegnete sie jede Silbe einzeln betonend.

»Sag ich doch: Lüner!«

Die junge Frau schaute ein wenig genervt drein und tippte dann eine Nummer in ihr Handy. Nachdem sie einige Sätze auf Filipino in den Hörer geschnattert hatte, reichte sie mir das Gerät: »My girlfriend!« Das Mädel am anderen Ende konnte Gott sei Dank besser deutsch: »Miyu wohnt in der Krüner Straße!«, teilte sie mir mit. Irgendwie geht's immer. Muss es auch. Denn ohne vollständige Daten darf ich kein Pfand annehmen.

Und schließlich hat unsere Genauigkeit schon vielen Kunden aus der Patsche geholfen. So kam einmal ein nigerianischer Dauerkunde zu mir, weil ihm das Finanzamt Ärger machte. Der KFZ-Mechaniker hatte per Zahlungsanweisung jeden Monat Geld an seine Frau und seine beiden Söhne nach Afrika geschickt. Wenn man mal einen Tausender irgendwohin überweist, interessiert das keinen. Aber Menschen, die monatlich ein und derselben

Person größere Summen zukommen lassen, werden von der BaFin (Bundesanstalt für Finanzdienstleistungsaufsicht) mit Hilfe eines ausgeklügelten EDV-Systems herausgefiltert und gegebenenfalls dem Finanzamt gemeldet. Es wird geprüft: Hat der großzügige Spender eine Aufenthaltsgenehmigung? Eine Arbeitserlaubnis? Einen Job? Und wenn ja: Warum kann er 1000 Euro überweisen, obwohl er nur 1200 verdient? Woher stammt das Geld? All dies fragt sich das Finanzamt und rückt dem Betreffenden auf die Pelle. Mein Kunde konnte nun anhand der von mir ausgedruckten Vorgänge zumindest eine zweite plausible Geldquelle offenlegen.

Schön ist so eine Kontrolle natürlich nicht. Sie entsprach auch keineswegs den märchenhaften Vorstellungen, die der Nigerianer früher einmal gehabt hatte: Einer seiner Freunde, der selber noch nie in Deutschland gewesen war, hatte ihm vorgeschwärmt, dass dort an jeder Straßenecke Maschinen stünden, die auf Tastendruck Geld ausspucken. Dass man dafür erst mal ein Konto einrichten und selber Bares einzahlen muss, bevor auch was rauskommt, hatte man ihm nicht erzählt. Doch das sollte nicht die letzte Enttäuschung bleiben. Ich bezweifle, dass er überhaupt noch in Deutschland ist. Denn nach der Geschichte mit dem Finanzamt tauchte er nie wieder bei mir auf.

Im Gegensatz zu der jungen Türkin, der die Zollbeamten am Flughafen ihre 22 Goldarmreifen abgenommen hatten. Aufgeregt stürmte sie in unser Pfandleihhaus: »Können Sie sich das vorstellen, Herr Käfer? Die haben mir einfach meinen Schmuck weggenommen! Dabei habe ich doch nur meine Oma in Ankara besucht. Frechheit!«

Die Dame, ebenfalls eine Stammkundin, musste nun beweisen, dass sie die Armreifen nicht illegal eingeführt hatte. Ich reichte der etwa Dreißigjährigen mit den stark getuschten Wimpern und dem kirschroten Lippenstift einen Ausdruck aller ihrer Leihvorgänge. Das Dokument belegte detailliert und mit genauer Beschreibung, dass ein Großteil ihrer 22 Schmuckstücke schon mal als Pfand hier gewesen waren. Ein Beweis, der bei den Beamten zog: Eine Woche später kam die Kundin freudestrahlend und armreifklimpernd wieder bei uns vorbei. Siegessicher streckte sie ihren goldglitzernden Arm in die Höhe. »Ich habe gewonnen! Die mussten mir alles rausgeben. Ha!« Sie streifte fünf Reifen ab und verkündete: »Die würde ich übrigens gerne wieder beleihen lassen.«

Die Türken halten bei uns sowieso den Gold-Rekord. Wenn man mal eine ungefähre Pro-Kopf-Rechnung aufstellt, haben sie gut ein Drittel mehr Edelmetall-Vorräte zu bieten als jeder Deutsche. Ich wundere mich immer wieder, was für Schätze da aus zerknitterten Discounter-Plastiktüten gezogen werden: kiloschwere Gesichtsschleier aus Hunderten Gold-Ösen oder Schmuckmünzen, die das Konterfei von Mustafa Kemal Atatürk, dem Begründer der Türkei, ziert. Und obwohl es in diesem Land keine großen Adelsgeschlechter gibt, darf ich immer wieder kleine Krönchen und Tiaras entgegennehmen – aus 22-karätigem Gold! Mit funkelnden Steinen besetzt! Echte Kostbarkeiten, wie man sie in einem deutschen Durchschnittshaushalt niemals finden würde.

Regelmäßig wandert auch ein reichverzierter Bauchtanzgürtel in unseren Panzerschrank. Er besteht aus unzähligen Goldhäkchen, Mini-Münzen und Kettchen. Mit seinen 600 Gramm ist er ein echtes Schwergewicht –

auch finanziell: Allein der Goldwert für das handwerkliche Meisterstück liegt bei rund 20 000 Euro! Aber bei einer Vorführung will ich dieses Schmuckstück, ehrlich gesagt, nicht erleben. Denn der Gürtel ist so lang, dass er auch um meine zugegebenermaßen nicht gerade schmale Taille passen würde. Die Dame, die ihn für gewöhnlich abliefert, kann unmöglich die Trägerin sein. Mein Kennerblick verrät mir, dass sie höchstens Kleidergröße 36 trägt und sich den Gürtel locker dreimal umwickeln könnte.

Der Besitz von Gold ist für diese Kunden extrem wichtig. Denn eine türkische Familie ohne deutschen Pass, die etwa einen Imbiss betreibt, bekommt von der Bank keinen Cent auf Pump. Wenn sie nicht über Immobilien oder andere Werte verfügt, bietet das Familiengold die einzige Möglichkeit, um in einer Notlage kurzfristig an Geld zu kommen. In der Türkei und in vielen arabischen Ländern werden Brautpaare nach der Trauung mit Gold beschenkt – als Notgroschen für schlechte Tage. Viele Schmuckstücke und Münzen, die später bei mir landen, stammen aus diesen Zeremonien und werden daher in 90 Prozent der Fälle auch wieder abgeholt, weil sie natürlich mit Erinnerungen verknüpft sind und bei der nächsten finanziellen Krise wieder zum Einsatz kommen sollen. Denn Gold verliert im Gegensatz zu Geld schließlich nicht seinen Wert.

Ich finde, wir sollten so etwas auch in Deutschland einführen. Dann gäbe es auch keine Berge von unsinnigen Hochzeitsgeschenken wie Vasen, Kerzenleuchter oder Serviettenringe aus Porzellan mehr.

Diese Unterschiede zwischen den Kulturen sind schon spannend. Jede Gesellschaft hat ihre Eigenarten, und wie man sie bewertet, muss jeder selbst entscheiden. Ich esse zum Beispiel gerne Schweinsbraten. Ein Moslem darf das nicht. Da denke ich nur: »Schade, der weiß nicht, was er verpasst!« Aber er isst eben andere Dinge als ich und denkt sich vielleicht Ähnliches.

Unterschiede finden sich natürlich auch beim Verhalten. In einer türkischen Familie herrscht eine andere Hierarchie als in einer deutschen, und daraus ergeben sich natürlich andere Verhaltensweisen – die ich hautnah zu spüren bekomme, wenn ein Vater seinen erwachsenen Sohn zu uns hereinzerrt, den er grün und blau geschlagen hat, weil er es gewagt hat, ohne das Wissen des Familienoberhauptes ins Pfandhaus zu gehen.

Aber immer mehr starke Frauen lehnen sich gegen das traditionelle Patriarchat auf. Selbst strenggläubige und kopftuchtragende Muslima kommen zunehmend alleine ins Pfandhaus – etwas, das noch vor wenigen Jahren undenkbar gewesen wäre. Die modernen Türkinnen gehen ihren eigenen Weg. Natürlich sorgt das ab und zu für gewaltigen Familienzwist.

Einmal gab es richtig Terz: Ein türkischer Griesgram polterte die Treppe hinauf – die Mundwinkel Richtung Boden gedrückt, die Augenbrauen so stark zusammengezogen, dass die Falten dazwischen eine Euro-Münze hätten halten können. Übellaunig und wortkarg pfefferte er einen Pfandschein auf den Tresen. Ich schaute im Computer nach und händigte ihm im Gegenzug eine goldene Armbanduhr aus, die er sofort überstreifte.

»Sie hören mir jetzt gut zu«, bellte der Mann mit der grauen Schiebermütze und hielt mir seinen ausgestreckten Zeigefinger vors Gesicht. »Sie nehmen nix mehr an von meiner Frau!«

»So einfach ist das nicht«, erwiderte ich. »Sie können mir das gar nicht verbieten. Wenn Sie es jemandem verbieten müssen, hier bei mir Geschäfte zu machen, dann Ihrer Frau.«

Kaum war der letzte Satz meinem Mund entwichen, hätte ich ihn am liebsten schnell wieder reingestopft. Denn die Miene meines Kunden verdüsterte sich noch mehr. Kein Wunder! Ich hatte ihn auf höchst unsensible Art in seiner Ehre gekränkt, indem ich öffentlich seine Machtposition in der eigenen Familie angezweifelt hatte. Was mir aber viel mehr Sorgen bereitete, war die Ehefrau. Würde sie nun für mein schnelles Mundwerk büßen müssen?

Der Mann zog schimpfend von dannen, und mich plagten die größten Gewissensbisse. Doch drei Wochen später tauchte seine bessere – und eindeutig ruhigere – Hälfte wieder auf und legte eine Kette auf den Tresen. »Ich lasse die hier. Und keine Sorge, mein Mann wird nichts mehr sagen«, verkündete sie mit festem Blick und Ton. Da hatte man offensichtlich etwas in der Familie ausdiskutiert …

Manche ältere Türken, die nicht gut deutsch sprechen, bringen ihre Kinder zum Dolmetschen mit. Allein an den Outfits sieht man schon, wie viel Konfliktpotential es in so mancher Familie geben muss: Während die Mutter Kopftuch trägt, kommt die 15-jährige Tochter in zerfetzten Jeans und Highheels daher – eben wie ein ganz normaler deutscher Teenie. Da prallen nicht nur zwei Generationen, sondern auch zwei Kulturen aufeinander. Ich kann lediglich ahnen, was da mitunter hinter verschlossener Haustür für Kriege ausgefochten werden.

Zu kleineren Gefechten kommt es allerdings auch,

wenn die halbe Familie mit zum Pfandhaus pilgert. Einige Kunden bringen gleich noch die krächzende Oma, die kaugummikauende Schwester, den Schwager und drei kreischende Kinder mit. Sie alle lungern dann vor meinem Tresen herum, die Kleinen düsen durch die Gegend wie aufgezogene Duracell-Hasen, die Alten schwatzen durcheinander. Inmitten dieses Gewusels soll ich dann einen Pfandschein ausstellen …

Aber bis es überhaupt dazu kommt, habe ich mindestens zwanzig graue Haare mehr. Denn die Erwachsenen sind sich natürlich nie einig, ob sie das Pfand jetzt wirklich abgeben sollen oder lieber doch nicht. Und je mehr Personen dabei sind, desto länger dauert die Diskussion, bei der fuchtelnde Arme, zu Fäusten geballte Hände und rollende Augen zum Einsatz kommen. Da merkt man auch wieder die kulturellen Differenzen: Ich hätte das Ganze zu Hause mit meinen Verwandten geklärt und wäre dann alleine hergefahren. Diese Besucher hingegen halten ihren Familienrat lieber vor meinem Tresen ab.

Ein Iraner taucht dagegen seit 2007 immer alleine bei uns auf. Er ist Ende sechzig, sehr höflich und streicht sich ab und zu verlegen durch die sorgfältig zurückgekämmten grauen Haare. »Kann ich die noch einmal verlängern?«, fragte er vor kurzem und hielt mir Pfandscheine hin, die zu einigen goldenen Kinderarmreifen gehörten.

»Natürlich«, erwiderte ich.

»Ich würde sie so gerne auslösen«, erklärte der Mann in einwandfreiem Deutsch. »Aber dafür reicht mein Geld nicht. Früher wäre das natürlich etwas anderes gewesen …« Wieder ein verlegenes Durch-die-Haare-Streichen.

»Wieso?«, fragte ich. Es war ein ruhiger Tag, und ich bin von Natur aus neugierig.

»Da hatte ich in Persien eine leitende Position, ein schönes Haus, Dienstmädchen und mehrere Autos. Heute wohne ich mit meiner Frau in einer winzigen Wohnung und bekomme eine Rente von 400 Euro. Ich will ja nicht jammern, ich halte das schon aus. Aber meine Frau hat dieses Leben nicht verdient«, sagte er, und seine dunklen Augen wurden feucht.

Aus seinem Portemonnaie zog er zwei zerknitterte Schwarzweißfotos. »Schauen Sie, Herr Käfer: Das war mein Leben.«

Auf dem einen Bild stand eine wunderschöne Frau mit Katzenaugen, umringt von Männern in feinen Anzügen. »Das ist Farah Diba«, erklärte mir der Mann. »Die letzte Kaiserin des Iran. Und das bin ich« – dabei zeigte er auf einen lächelnden Typen mit pechschwarzen, schulterlangen Haaren. Der tauchte auch auf dem nächsten Foto auf. »Da gebe ich Schah Mohammad Reza Pahlavi die Hand, dem Ehemann von Farah Diba. Zu der Zeit war ich ganz oben. Doch als der Schah 1979 gestürzt wurde, galt ich in den Augen des neuen Regimes als Konterrevolutionär. Ich sollte zugeben und unterschreiben, dass meine Sympathie für den Schah ein Fehler gewesen sei. Aber das konnte ich mit meinem Gewissen nicht vereinbaren!«

Offenbar hatte er wirklich zu den Anhängern des Schahs gehört. Das war zu Zeiten der islamischen Revolution keine gute Position. »Ich verlor meinen Posten und wurde offiziell als Verräter verurteilt, so wie viele meiner Kollegen auch. Meine Frau, meine zwei Töchter und ich erhielten Ausreiseverbot. Erst fünf Jahre später konnten wir raus aus dem Land, mit Hilfe von Beziehungen.«

»Und dann kamen Sie gleich nach Deutschland?«, fragte ich.

»Ja, wir flohen hierher, weil ich in Deutschland zuvor schon eine Ausbildung zum Diplom-Ingenieur gemacht hatte. Aber wegen des laufenden Asylverfahrens durfte ich lange Zeit nicht arbeiten. Weil ich schließlich in meinem Beruf keine passende Stelle fand, habe ich um eine Umschulung gebeten. Aber der Herr beim Arbeitsamt sagte nur: ›Mit 45? Dafür sind Sie viel zu alt!‹«

Das klang übel. Aber unser Arbeitsmarkt hierzulande ist ja nicht gerade dafür bekannt, für Arbeitskräfte viel übrigzuhaben, die nicht mehr ganz blutjung sind.

»Zuletzt habe ich als Mädchen für alles in einer Apotheke gearbeitet. Ich habe Medikamente ausgeliefert und dort geputzt. Meiner Frau gefiel es gar nicht, dass ich früher eine glänzende Karriere hatte und nun putzen ging. Aber ich war froh, überhaupt etwas Geld zu verdienen.«

Er strich sich erneut durch die Haare. »Entschuldigen Sie, dass ich Sie mit meiner Geschichte belästigt habe. Aber immer, wenn ich herkomme, muss ich an meine Vergangenheit denken. Die Armreifen meiner Töchter sind die letzten Andenken daran, die uns geblieben sind. Ich hoffe, ich kann genug sparen, um sie irgendwann einmal auszulösen.«

Er faltete die Fotos wieder zusammen und steckte sie zurück ins Portemonnaie. »Wissen Sie, was mein Traum wäre?«, fragte er mich.

Ich schüttelte den Kopf.

»Einmal zu meinen Wurzeln zurückzukehren und

meine Familie im Iran zu besuchen. Ich habe sie seit 24 Jahren nicht mehr gesehen. Ich vermisse meine Heimat: die Gebirge, die Wüste, die Gassen, durch die ich als Kind gelaufen bin.«

»Ich wünsche Ihnen viel Glück bei der Erfüllung Ihres Traumes«, sagte ich zum Abschied. Obwohl ich wusste, dass er wohl noch für lange Zeit einer bleiben würde.

Auch wenn mich solche Geschichten sehr interessieren, bin ich ganz froh, dass nicht alle meine Kunden so offenherzig sind. Viele von ihnen haben ein hartes Schicksal erlitten, sonst kämen sie nicht zu uns. Wenn ich jeden dieser Lebensläufe kennen würde, könnte ich nachts wahrscheinlich nicht mehr so ruhig schlafen.

Mir persönlich sind Asiaten die liebsten Kunden. Die legen ihre Sachen einfach hin, fragen nichts und nehmen das Geld. Japaner und Chinesen sind sehr verschlossen und erzählen nie viel von sich. Mit ihnen gehen die Geschäfte schnell, reibungslos und absolut problemfrei.

Die Roma dagegen sind Meister im Handeln! Besonders dann, wenn sie bei mir Schmuck kaufen wollen, der bei einer Versteigerung nicht weggegangen ist. Sie gehen nie auf den ersten Preis ein, den ich anbiete, sondern versuchen bis zur letzten Sekunde, ihn zu drücken.

Kürzlich interessierte sich ein Mann mit sonnengegerbter Haut und rabenschwarzem Haar für eine Goldkette. Er wollte sie unbedingt haben und beäugte kritisch das Preisetikett. »1100 €« stand darauf – ein echtes Schnäppchen! Denn eigentlich würde so eine Kette im Fachhandel mindestens 1800 Euro kosten. Mein Gegenüber linste also immer wieder vom Preisschild zu mir, zurück zum Preisschild und dann wieder zu mir und sagte nichts.

Bis ich das Wort ergriff: »Okay, Sie können sie für 1000 Euro haben.«

Seine buschigen Augenbrauen wanderten nach oben, seine Augen verengten sich zu Schlitzen. »800«, zischte er.

»Nein, nein, nein, weiter gehe ich nicht runter.«

Es dauerte eine geschlagene halbe Stunde, bis ich ihm endgültig klargemacht hatte, dass die 1000 Euro der finale Preis waren.

»In Ordnung«, erklärte der Mann. »Aber in Raten.«

»Nein, in Raten geht es nicht.«

»Dann anzahlen.«

»Das können wir machen. Aber nur, wenn wir schriftlich festlegen, wann Sie den Rest zahlen – nämlich morgen.«

Er nickte, legte 100 Euro auf den Tisch, und wir vereinbarten, dass er die fehlenden 900 am nächsten Tag vorbeibringen und im Gegenzug die Kette mitnehmen würde.

Doch am nächsten Tag kam nicht etwa er selbst, sondern seine Frau. Strahlend legte sie acht 100-Euro-Scheine auf den Tresen.

»Das reicht aber nicht«, stellte ich fest, und sie tat überrascht. »Es fehlen noch 100«, erklärte ich ihr.

»Ich habe keine 900«, beteuerte sie.

»Da kann ich nichts machen. Dann gebe ich Ihnen die angezahlten 100 zurück, und wir vergessen das Ganze.«

Plötzlich wurde die Roma-Frau geschäftig.

»Nein, Moment!« Sie kramte in ihrer Handtasche.

»Vielleicht habe ich doch noch etwas Geld.« Und wirklich: Sie blätterte weitere dreißig Euro auf den Tresen.

Ich wurde langsam wütend. »Das ändert aber auch nichts. Wir haben 900 Euro vereinbart, nicht 830. So kommt der Deal nicht zustande.« Ich drehte mich Richtung Kasse, um die Anzahlung herauszunehmen.

»Halt! Unten ist Cousine!«, fiepte die Frau.

»Und die hat das fehlende Geld?«

Die Kundin nickte und huschte die Treppe hinab. Als sie wieder heraufkam, hielt sie 60 Euro in der Hand. Wollten die mich denn zum Narren halten?

»Dann haben wir jetzt 890, aber keine 900 Euro«, erklärte ich ihr mit saurer Miene.

Sie trabte erneut nach unten, und erst durch diesen Gang kamen schließlich die fehlenden zehn Euro zutage. Halleluja! Das ist die Kurzversion des Geschachers. In Wirklichkeit hat mich die ganze Schose inklusive unendlichem Hin und Her anderthalb Stunden gekostet!

Wenn ich merke, dass mich jemand mutwillig austricksen will, mache ich zu wie eine Auster – und der Kunde bekommt meine harte Schale zu spüren.

Die öffnet sich leider spätestens wieder bei der nächsten gutaussehenden Südamerikanerin. Ich gebe zu: Hübsche Frauen versprühen einen ganz besonderen Charme, dem ich regelmäßig verfalle. Das ist genetisch bedingt. Bei allzu vielen weiblichen Reizen sind Männer automatisch in der Verliererposition. Auch in meinem reiferen Alter bin ich gegen Dekolletés und tiefe Blicke nicht gefeit, schon gar nicht, wenn sie auch noch exotisch umrahmt sind … Was nicht heißt, dass brasilianische Schönheiten bei mir etwas geschenkt kriegen.

Aber immerhin bin ich bei der Ablehnung ihrer Pfand-
angebote etwas netter als sonst.

Allerdings besitzen die Südamerikaner einen anstren-
genden Charakterzug: Sie sind genauso hektisch wie die
Deutschen. Sie haben es immer eilig. Steht auch nur ein
einziger Kunde vor ihnen an, wippen sie schon nervös
mit dem Fuß und spähen ungeduldig an der Schlange
vorbei zu mir nach vorne. Wenn ich den Pfandschein
ausstelle, heißt es gerne mal: »Geht das nicht ein bisschen schneller?«

Afrikaner dagegen haben die Ruhe weg. Die nehmen
erst mal gemütlich auf der Holzbank vorm Tresen Platz
und schauen, was los ist und wer sonst noch alles da
ist. Dabei habe ich extra ein möglichst unbequemes
Möbelstück ausgesucht, das nicht zum Verweilen ein-
lädt. Während die Deutschen ihren Pfandschein meist
schon auf der letzten Treppenstufe zücken, suchen viele
Afrikaner erst danach, wenn sie dran sind. Gemächlich
wühlen sie dann in ihren Hosen-, Jacken- oder Hand-
taschen.

Generell mag ich entspannte Kunden lieber. Hektisch
bin ich selbst, wenn es wieder mal stressig zugeht. Da
brauche ich keinen, der noch einen obendrauf setzt.

Durch meine internationale Kundschaft landen mitunter auch fragwürdige Mitbringsel aus aller Welt auf
meinem Tresen. Einer legte mir mal eine ausgestopfte
Schildkröte vor – und hob strahlend ihren Panzer hoch.
Darunter verbarg sich ein silberner Aschenbecher. So
etwas Krankes hatte ich selten zuvor gesehen. »Geht's
noch?«, entfuhr es mir.

Ein anderer wollte bei mir eine vier Meter lange
Schlangenhaut verpfänden. »Die habe ich aus Brasilien

mitgebracht, ist von einer Boa«, beschrieb er stolz seinen Schatz, bei dessen Anblick mir ganz anders wurde.

Ein Dritter rollte ein Leopardenfell vor dem Tresen aus. »Ganz weich«, betonte er.

»Und ganz schnell«, erwiderte ich, »genauso schnell packen Sie das jetzt bitte wieder ein.«

Schließlich ist die Einfuhr solcher Souvenirs streng verboten, schon allein deswegen kann und will ich sie nicht annehmen, abgesehen davon, dass mir Leute, die sich mit so etwas schmücken, mehr als suspekt sind. Gegen Schmuck aus Elefantenzähnen und andere tierische Accessoires bin ich genauso allergisch wie der deutsche Zoll.

Goldschmuck bleibt für mich dagegen immer spannend. Es ist schon interessant: Genau wie ihre Besitzer haben auch Ketten, Ringe oder Armreifen aus verschiedenen Ländern ihre charakteristischen Eigenheiten. Damit meine ich nicht den auf Globalgeschmack gepolten Touristentand. Nein, wenn ich mir Schmuck anschaue, der von Einheimischen für Einheimische angefertigt wurde, kann ich schon anhand der Verarbeitung erkennen, aus welchem Land er stammt.

Asiaten zum Beispiel lieben alles Filigrane. Da gibt es Ohrringe, an denen kleine goldene Engel mit hauchzarten Flügeln an winzigen Blüten hängen, oder Armreifen mit Drachenmotiven, die aus haarfeinen Drähten geformt sind. Das Gold hat die Farbe der aufgehenden Sonne: strahlend hell.

In der Türkei ist es hingegen etwas dunkler, schon fast bernsteinfarben. Zwischen Orient und Okzident liebt man massivere Juwelen, Panzerketten oder wuchtige, mit vielen Steinen besetzte Ringe.

Die Russen orientieren sich leider seit der Maueröffnung immer mehr an europäischen Trends. Das sieht man auch an der Mode: Dort liegt in den Läden, was auf Laufstegen in Paris, London oder Mailand gezeigt wird. Nur noch selten bekomme ich eines der traditionellen Schmuckstücke in rötlich schimmerndem Gold zu Gesicht: Die alten Designs waren sehr pompös und phantasievoll.

Heutzutage geht es leider immer weniger um die Einzigartigkeit eines Schmuckstückes. Wir alle werden zunehmend zu Marken-Junkies. Den Menschen ist es am liebsten, wenn sie eine Uhr tragen, von der alle wissen, wie teuer sie ist. Selbst das Cartier-Collier für 50 000 Euro, das in jeder Filiale weltweit zu haben ist, hat in meinen Augen null Exklusivität, es sagt weniger etwas über den individuellen Geschmack der Trägerin als etwas über den Geldbeutel ihres Ehemanns oder Liebhabers aus. Trotzdem ist es ein Renner – genau deswegen, weil es in jedem Schaufenster liegt und jeder seinen Preis kennt.

Ich halte Kreativität und Individualität für viel wichtiger. Dass der Mainstream Gott sei Dank noch nicht alles überrollt hat, wird mir immer dann bewusst, wenn wieder mal ein Musiker sein Instrument bei uns deponiert. Das sind keine Topstars, sondern solche, die sich während ihres Gigs nur eine billige Unterkunft ohne Safe leisten können. Zwischen den Auftritten geben sie gerne ihre Geigen, Cellos oder Klarinetten bei uns ab, weil sie wissen, dass die hier garantiert nicht wegkommen.

Ein Jazzmusiker aus New Orleans war besonders zufrieden mit unserem Service. Als er seine Trompete nach dem Auslösen wieder in den Händen hielt, stimmte er spontan einen wunderbar melancholischen Song an. Wer braucht da schon Lady Gaga oder Britney Spears?

Besonders gerne erinnere ich mich an zwei Australier, die sich zu uns verirrten. Ein nettes Pärchen, gerade Anfang zwanzig – und schon auf Hochzeitsreise! Glücklich sahen sie allerdings nicht aus: Die Armen schlichen wie begossene Pudel zu uns herauf, und das meine ich wortwörtlich, denn ihre Haare waren noch nass vom Schwimmen. In einem Englisch mit starkem Akzent, das ich erst nach ein paar Sätzen zu verstehen begann, machten sie mir klar, dass man sie gerade ausgeraubt hatte.

Es war einer dieser grandiosen Sommertage, für die wir Münchner unsere Stadt so lieben: blauer Himmel, 25 Grad, leichter Föhn. Für das australische Paar ideale Voraussetzungen, um dem Rat ihres englischen Reiseführers zu folgen: »Wer München besucht, darf sich ein Bad in der Isar nicht entgehen lassen!« Leider fehlte in dem Büchlein die Warnung vor Taschendieben.

»Als wir aus dem Wasser kamen, war unser Rucksack weg – mit den Pässen und unserer Reisekasse!«, klagte der Junge. Im Hostel hatte man den beiden einen Gratisanruf ins heimatliche Brisbane gewährt. »Meine Eltern schicken uns Geld, aber bis das da ist, kann es einige Tage dauern«, erzählte das Mädchen mit verweinten Augen. Da die beiden keinen Cent mehr besaßen, hatte man ihnen im Hostel den Tipp mit dem Pfandhaus gegeben. Denn einige Wertgegenstände waren den beiden immerhin geblieben: die Kamera, die sie an diesem Tag glücklicherweise im Zimmer vergessen hatten, sowie eine goldene Kette mit einem Goldkreuz und ihre erst vor wenigen Wochen angesteckten Eheringe. Schweren Herzens zogen sie sie von den Fingern.

350 Euro gab ich ihnen für alles zusammen. Damit konnten sie sich über Wasser halten, bis das Geld von den Eltern eintraf und die australische Botschaft ihnen Übergangspässe ausgestellt hatte. Als sie fünf Tage später ihre Pfänder wieder abholten, wirkten die beiden schon wesentlich gelassener. Kichernd schoben sie sich gegenseitig wieder ihre Ringe auf die Finger. »Eins ist klar«, stellte der Junge fest, »dank dieses Vorfalls bleibt München für uns unvergesslich!«

Laut einer Studie gehören Australier zu den glücklichsten Menschen der Welt, weil sie sich durch nichts und niemanden aus der Ruhe bringen lassen und das Leben genießen – egal, was kommt. Ganz schön schlau.

Aber das können eben nicht alle. Ich hatte mal einen schwäbischen Bekannten. Über die Schwaben sagt man, sie seien extrem geizig. Hunderte von Witzen gibt es über diese Charaktereigenschaft. Einer geht so: Was schenkt ein verliebter Schwabe seiner Freundin? – Einen Lippenstift. Den kann er sich nach und nach zurückholen.

Diese Einstellung traf voll auf meinen Bekannten zu. In München verkaufte er zwar Gold im großen Stil und hatte dadurch längst eine siebenstellige Summe auf dem Konto. Trotzdem steckte in seiner Hosentasche anscheinend ein Krebs, der ihn vom Geldausgeben abhielt. Eines Tages, als es so richtig in Strömen schüttete, kam er zu mir hochgehechtet. Ich dachte schon: Super, der will sicher ein lukratives Geschäft mit mir machen. Aber weit gefehlt! Stattdessen bat er mich um einen Gefallen:

»Herr Käfer, es hat angefangen zu regnen.«

»Ja, und?«

»Können Sie mir einen Regenschirm leihen?«

Das fand ich ziemlich frech – zumal es gleich nebenan

einen Laden gab, der Regenschirme im Sonderangebot hatte. Die standen sogar genau vor der Tür!

»Warum kaufen Sie sich keinen?«, schlug ich vor. »Unten kriegen Sie einen für fünf Euro.«

»Das kommt überhaupt nicht in Frage!«, regte er sich auf.

»Wieso?«

»Also, Herr Käfer, das ist doch eindeutig: Weil es schließlich wieder aufhören wird zu regnen.«

Reich wird man eben nur durch das Geld, das man nicht ausgibt. Aber ob das Leben dann auch immer Spaß macht? Ich wage es zu bezweifeln …

Zum Ersten, zum Zweiten – streiten!

Bikini-Verkäufer müsste man sein.

Dazu muss ich ergänzen: An diesem Beruf interessiert mich nicht die reichlich vorhandene nackte Haut, sondern der so gut wie nicht vorhandene Stress.

Bikini-Verkäufer haben schließlich nur einmal im Jahr Hauptsaison. Bei mir dagegen herrscht alle zwei Monate wahnsinniger Stress. Nämlich immer dann, wenn eine unserer Auktionen ansteht. Da versteigern wir die Pfänder, die von ihren Besitzern nicht mehr ausgelöst wurden.

Rund 600 Teile kommen jedes Mal unter den Hammer – darunter Laptops, Spielkonsolen und Schmuckstücke in allen Preiskategorien, die jeweils noch sorgsam verpackt in unseren Regalen und Tresoren liegen. Vor der Versteigerung, für die ich einen Saal in einem nahegelegenen Hotel anmiete, müssen wir sie auspacken, kontrollieren, nummerieren und dann präsentieren.

Das ist ein ganz schöner Kraftakt, der bereits vier Wochen vor dem eigentlichen Termin beginnt: Da schicken wir an die betreffenden Besitzer einen Erinnerungsbrief – ein Service, zu dem wir gesetzlich gar nicht verpflichtet sind, aber es gibt schließlich Spezl, die schlichtweg vergessen haben, dass ihr Vertrag mit uns abläuft, und denen will ich noch eine Chance geben, ihr Pfand zu retten. Das bedeutet für uns zwar einigen Aufwand, aber das ist allemal besser, als wenn nachher Kunden schimpfend oder heulend vor mir stehen.

In dem Brief erklären wir in wenigen Worten und großen Buchstaben, wann die Auktion stattfindet und bis zu welchem Datum und welcher Uhrzeit die Kunden ihre Besitztümer noch auslösen können. Eigentlich müsste diese Botschaft jeder kapieren. Eigentlich …

Dem ist natürlich nicht so. Zwei Tage nachdem ich die 800 Briefe rausgeschickt habe, rufen mindestens 100 Kunden mit derselben Frage an: »Ich habe einen Brief von Ihnen bekommen. Bis wann muss ich die Sachen holen?«

In dem Moment könnte ich jedes Mal vor Wut an die Decke gehen. Aber ich schlucke den Ärger runter und sage ganz zahm: »Schauen Sie doch einfach noch mal in Ihren Brief. Dort finden Sie die Antwort.« Warum um Himmels willen schaffen diese Leute es nicht, sich drei Sätze bis zum Ende durchzulesen?

Unter den Anrufern sind auch immer wieder überraschte Mütter: »Sie haben meinen Sohn angeschrieben«, begrüßte mich eine barsch am Telefon. »Ich hatte ja gar keine Ahnung, dass meine Kette bei Ihnen ist.«

»Jetzt, wo Sie die Post Ihres Sohnes geöffnet haben, wissen Sie's ja«, antwortete ich trocken.

Aber das ist nur die erste Anruferwelle, die über uns hereinbricht. Die zweite folgt einen Tag vor der Abhol-Deadline. Da melden sich dann die Kunden mit den Super-Ausreden. Jeder von ihnen hat einen ganz besonderen Grund, warum er es leider, leider nicht schafft, sein Pfand pünktlich abzuholen. Sie alle wollen einen Aufschub aushandeln. Aber den gibt es nicht.

»Ich bin verreist!«, behauptete einer.

»Ach – aber den Brief haben Sie trotzdem erhalten?«

»Ja, ja. Doch jetzt bin ich ganz weit weg!«

»Warum haben Sie dann nicht vor Ihrer Abreise angerufen?«

»Das ging nicht.«

»Wo sind Sie denn?«

»In der Türkei.«

Komisch eigentlich. Die Türkei scheint neuerdings eine Münchner Nummer zu haben. Die konnte ich nämlich im Display meines Telefons haargenau ablesen. In so einem Fall trieze ich meine Gesprächspartner gerne noch ein bisschen und lasse sie weiter Schmarrn erzählen. »Wie lange bleiben Sie eigentlich noch? Wo übernachten Sie? Wie ist das Wetter?«, bohre ich nach und genieße es, wie sich die Lügenbarone am anderen Ende winden.

Letztendlich hilft allerdings nur eine klare Ansage meinerseits: »Hören Sie zu: Egal, wo Sie sind, schicken Sie einen Freund vorbei oder einen Angehörigen. Wenn bis morgen das Geld nicht hier ist, landet Ihr Pfand unterm Hammer. Jede weitere Diskussion ist leider zwecklos.«

Es gibt natürlich auch diejenigen, die spontan erkranken. Die rufen an und husten erst mal kräftig in den Hörer, um ihren schlechten Gesundheitszustand zu demonstrieren. Andere haben sich den Fuß gebrochen oder liegen mit 42 Grad Fieber im Bett. Am Tag vor der Versteigerung klingelt das Telefon ununterbrochen, und eine Geschichte ist wilder als die andere. Mittlerweile sind wir darauf vorbereitet und versetzen uns vorsorglich in einen buddhistisch-ausgeglichenen Zustand.

»Sie sind krank? Dann wünsche ich Ihnen eine gute Besserung«, lautet meine Standardmitleidsbekundung.

»Nur wird das nichts an der Tatsache ändern, dass Ihre Sachen weg sind, wenn Sie wieder gesund sind.«

Sie können sich gar nicht vorstellen, wie oft diese Warnung schon für eine Blitz-Genesung gesorgt hat. Dagegen ist das heilige Wasser von Lourdes ein Witz. In letzter Sekunde sind viele Kunden dann doch wieder quietschfidel oder von der vermeintlichen Reise zurückgekehrt. Sie zahlen ihre Kreditzinsen, verlängern den Vertrag oder lösen ihr Schätzchen aus. Von den ehemals 800 Gegenständen bleiben so noch gut 600 über, die letztendlich wirklich versteigert werden.

Bei so vielen Teilen muss es natürlich schnell gehen, damit wir das Pensum an einem Tag schaffen. Der Auktionator gibt also Gas: Er bringt alle 36 Sekunden einen neuen Artikel an den Mann, pro Stunde sind das im Schnitt 100 verkaufte Pfänder.

Bei so einem Tempo kommen Otto-Normalshopper nur schwer mit. Daher sitzen bei unseren Auktionen größtenteils Händler auf den Stühlen. Vor der Veranstaltung begutachten sie die Geräte und den Schmuck, den wir auf langen Tischen ausgebreitet haben. Diese Profis können nach wenigen Blicken den Wert eines Rings oder eines Elektrogerätes einschätzen. Das müssen sie auch: Ob Laptop, MP3-Player oder Handy, jedes Gerät liegt in mindestens fünf verschiedenen Ausführungen da – mal von einem anderen Hersteller, mal aus einem anderen Jahr – und hat dadurch auch jeweils einen anderen Wert. Den müssen die Bieter während der Auktion im Kopf haben. Wenn nicht, kommt es schnell zu teuren Fehlkäufen.

Aber die passieren eigentlich nur Laien. Die erkenne ich allein schon daran, dass sie vor der Auktion ständig um denselben Ring herumtigern und fünfzigmal probieren, ob er auch wirklich passt. Später fallen sie dann durch sinnlose Gebote auf. Im Gegensatz zu den rein gewinnorientierten Händlern packt diese Leute nämlich der Jagdinstinkt. Und der ist gefährlich fürs Portemonnaie.

Während der letzten Versteigerung gab es eine Szene wie bei einem Senioren-Gladiatorenkampf. Zwei »Normalos« kämpften um eine Goldkette mit Perlenanhänger. Auf der einen Seite: ein Rentner im grauen Tweedjackett. Sein Gegner: weiblich, zierlich, auch über 65 und im fliederfarbenen Kleid. Während die Händler längst ausgestiegen waren, hoben diese zwei immer noch abwechselnd die Hände.

»200.« Ihre dürren Finger reckten sich Richtung Decke.

»210.« Seine dicke Pranke schnellte streitlustig in die Luft.

Als 280 Euro erreicht waren, schüttelte der Mann seinen vor Aufregung ganz roten Kopf.

»Dann geht die Kette für 270 an die Dame in Reihe drei.«

Beim Zuschlag entfuhr der neuen Besitzerin ein Freudenschrei, gleich danach blickte sie schadenfroh zu ihrem Mitstreiter hinüber.

Nun, sie hatte zwar gewonnen. Aber in meinen Augen war es trotzdem kein Sieg. Denn die Kette hätte sie billiger im Laden kaufen können – neu, mit Rückgaberecht und Garantie.

Solche ahnungslosen Kandidaten tauchen speziell zur Weihnachtszeit auf, weil sie hoffen, das ein oder andere Schnäppchen für Angehörige oder Freunde ersteigern zu können. Bei einem Kunden führte das allerdings zur handfesten Ehekrise. Er erstand bei einer unserer Auktionen eine teure Damenuhr und legte sie seiner Gattin unter den Weihnachtsbaum. Nur wenige Tage später erschien er bei mir im Pfandleihhaus. »Ich würde die Uhr gerne beleihen lassen«, sagte er. Auf meinen verwunderten Blick hin erklärte der Mann mit dem akkuraten Seitenscheitel, dass seine Frau ihm wegen des Secondhand-Geschenks eine unglaubliche Szene gemacht habe.

Die beschrieb er wie folgt:

»Wie kannst du mir so etwas nur antun?«

»Du hast dir doch immer eine Rolex gewünscht!«

»Aber keine gebrauchte!«

Bis dahin war noch alles im Rahmen, die Wut war so groß wie bei jedem anderen Ehestreit auch. Dann jedoch sagte der gekränkte Mann den Satz, der seine Frau explodieren ließ:

»Was ist denn schon dabei? Ich habe schließlich auch eine gebrauchte Frau geheiratet.«

Boooom!

Sie bewarf ihren Mann mit allem, das nicht festgenagelt oder zu schwer zum Schmeißen war: mit Christbaumkugeln, einem Glühweinbecher (samt Inhalt) und dem Bräter, den er ihr als erstes Präsent überreicht hatte. Fluchtartig verließ der zugegebenermaßen in seiner Wortwahl etwas undiplomatische Gatte sein Zuhause und musste sich bis auf weiteres im Hotel einquartieren. Das bezahlte er mit dem Geld für die beliehene Uhr. O-Ton: »Die braucht momentan eh grad keiner ...«

Ich bin zwar bei jeder Auktion dabei, um mitzuhelfen. Aber versteigern darf ich selber nichts. Diese Aufgabe muss ein vereidigter Auktionator übernehmen. Der erhält statt eines festen Honorars zehn Prozent vom Erlös. Es gibt Versteigerer, die verdienen auf diese Weise pro Monat locker 20 000 Euro.

Einen dieser lukrativen Jobs zu ergattern ist gar nicht so einfach. Denn die Vereidigung eines Auktionators ist eine sehr schwierige Angelegenheit. Wem die Industrie- und Handelskammer diese Ehre gewährt, bestimmt ein kleines Gremium. Und nur wer gute Kontakte zu diesem erlauchten Zirkel hat, kann darauf hoffen, vereidigt zu werden.

Mein Auktionator ist mittlerweile um die 65 Jahre alt und arbeitet schon seit der Eröffnung des Pfandhauses für mich. Dazu musste ich ihn aber erst mal finden. Denn als ich 1999 mein Geschäft begann, wollte ich die Versteigerungen samstags abhalten, weil ich mir sicher war, dadurch mehr Interessenten anzulocken als unter der Woche.

Es gab und gibt in München nur eine Handvoll vereidigter Auktionatoren, und ich klapperte sie der Reihe nach ab. Immer wieder erhielt ich die gleichen Antworten: »Samstags? Nein, da arbeite ich nicht. Und dann noch für einen so kleinen Laden wie den Ihren …«

Damals war mein Pfandhaus wirklich noch keine große Nummer. Aber mussten diese Typen sich deswegen so arrogant verhalten?

Ein Einziger willigte ein, sich mit mir zu treffen. Doch als ich ihn zum ersten Mal sah, machte ich große Augen. Mein potentieller Auftragnehmer kam im Rollstuhl.

In einer Welt, die leider auf Äußerlichkeiten basiert, mag das den einen oder anderen von einer Geschäftsbeziehung abschrecken. Nicht zufällig werden, um das Extrembeispiel zu nennen, teure Boutiquen von hübschen gesunden Verkäuferinnen betrieben und nicht etwa von kranken Dicken. Mir aber war der Mann von der ersten Sekunde an sympathisch, und als Auktionator hatte er einiges auf dem Kasten. Mit dreißig wurde er als Star seiner Branche gefeiert. Doch eines Tages kam er auf der Strecke zwischen München und Starnberg von der Fahrbahn ab und zischte samt Ferrari in den Wald. Seitdem ist er querschnittsgelähmt.

Ich habe meine Entscheidung, mit diesem Auktionator zusammenzuarbeiten, keinen einzigen Tag bereut. Von mir aus kann das so lange gehen, bis er keine Lust mehr hat.

In den letzten Jahren erhielt ich einige Anrufe von Versteigerern, die nun doch gerne für mich arbeiten wollten, nachdem sich rumgesprochen hat, dass wir gut im Geschäft sind und ein Auktionator bei uns bestens verdienen kann. Die, die mein Angebot vor über zehn Jahren schnöselig abgelehnt haben, kommen jetzt angekrochen: »Können wir uns nicht mal treffen? Ich hätte noch Zeit für Sie, Herr Käfer«, schleimte einer.

»Danke, nein«, antwortete ich. »Ich bin gut versorgt.«

Ich trenne mich nämlich nicht von Menschen, mit denen ich gut auskomme.

Einen alten Hasen an meiner Seite zu haben ist für mich sehr wichtig. Es gibt immer wieder heikle Situationen, mit denen er viel besser umgehen kann als ich. Einige »Spezialisten« zum Beispiel heben die Hand zum Gebot, und wenn dann der Zuschlag erfolgt, ändern sie ganz schnell ihre Meinung.

Beliebte Ausreden sind:

– »Ich hab nur gegähnt!«

– »Ich habe es nicht so gemeint.«

– »Ich wollte einem Bekannten zuwinken.«

So was hält freilich nur unnötig auf. Eigentlich muss der, der per Handzeichen geboten hat, auch zahlen, egal, ob die Geste ein Versehen war oder nicht. Aber um uns nervenaufreibende und zeitraubende Diskussionen zu ersparen, lassen wir den Artikel in so einem Fall meist einfach noch einmal ausrufen. Wenn einer sich freilich einen Spaß daraus macht, den Betrieb ständig auf diese Weise aufzuhalten, bekommt er Saalverbot.

Ein Mann schafft es immer, mich zur Weißglut zu treiben. Er ist ein Händler, der regelmäßig unsere Auktionen besucht. Ich habe noch nicht herausgefunden, ob er mich absichtlich ärgern will oder einfach nur einen ungewöhnlichen Tick hat. Dieser Mensch zahlt immer mit brandneuen 50-Euro-Scheinen, die er so klein wie möglich zusammenfaltet. Seine irren Kunstwerke sind nachher gerade noch so groß wie ein Spielwürfel. Jeder einzelne Schein muss mühevoll auseinanderklamüsert werden. Das macht mich wahnsinnig!

Ich habe ihn noch nie gefragt, warum er das macht – aus Angst, dass dieser Spleen nur die Spitze des Eisbergs ist. Ich will gar nicht wissen, welche Macken bei einem längeren Gespräch noch zutage kommen würden. Manchmal ist es besser, seine Kunden nicht allzu genau zu kennen.

Wenn die Veranstaltung endlich über die Bühne gegangen ist, geht es an die Abrechnung. Im Gegensatz zu einem Auktionshaus dürfen wir nicht den ganzen Erlös behalten. Die Versteigerung dient nur dazu, das Darlehen und die Zinsen zu decken, die der Kunde uns nicht zurückgezahlt hat. Wenn das Objekt einen höheren Betrag erzielt, erhält der Besitzer den Überschuss, den er laut Pfandleihverordnung innerhalb von zwei Jahren abholen kann. Tut er das nicht, geht diese Summe an den Freistaat Bayern.

Ist all dies geschafft, bin auch ich geschafft, habe aber noch längst nicht meine Ruhe. Eine Runde Ärger folgt noch: In den Tagen nach der Versteigerung tauchen nämlich doch noch Kunden auf, die ihren versteigerten Schmuck nun plötzlich abholen wollen.

»Ich habe letzte Woche einen Brief bekommen.«

Mit diesem Satz fängt es meist an, und so weiß ich genau, dass die nachfolgende Geschichte kein Tatsachenbericht sein kann.

»Das war nicht letzte Woche. Der Brief ging vor fast drei Wochen raus!«, kontere ich und versuche, mich zusammenzureißen.

»Egal, ich möchte jetzt meine Sachen abholen.«

»Wie Sie dem Schriftstück entnehmen können, sind die inzwischen versteigert. Sie kommen zu spät.« Was ich da schon für ein Zetern und Jammern erlebt habe! Aber weg ist weg.

Der letzte Schritt im Versteigerungsverfahren sind die Reklamationen. Und die kommen immer – so sicher wie der Anstich beim Oktoberfest. Beschwerden werden grundsätzlich von mir bearbeitet. Ich liebe Reklamationen! Die meisten sind eigentlich gar keine, sondern nur bloße Rumnörgelei.

Vor der Auktion hängen wir im Pfandleihhaus extra Plakate mit allen Infos auf, und auch vor Start der Versteigerung verkünden wir noch einmal klipp und klar, dass die Gegenstände, die hier unter den Hammer kommen, nur oberflächlich geprüft wurden, es keinerlei Garantie gibt und Umtausch oder Rückgabe ausgeschlossen sind, auch dann, wenn etwas nicht funktioniert.

Wir prüfen schließlich nur, ob elektrische Geräte ein- und ausgeschaltet werden können und ob sie entsperrt sind oder nicht. Ich kann nicht bei jedem Handy alle Funktionen durchtesten – sonst säße ich in zehn Jahren noch da! Das wird dem gesamten Saal langsam, laut und deutlich mitgeteilt. Wer sich diesen Regeln nicht beugen will, der sollte nicht mitsteigern.

Trotzdem passiert natürlich, was ab und zu passieren muss: Bei einem versteigerten Notebook ist das Laufwerk kaputt, der Blitz an einer Kamera funktioniert nicht, oder ein Handy lässt sich zwar einschalten, klingelt aber nicht.

»Das ist kaputt«, verkündete mir ein wutschnaubender Endvierziger kürzlich und schwenkte ein iPhone in der Hand.

Ich entgegnete ihm mit einem Achselzucken.

»Ja … aber das habe ich doch bei Ihnen ersteigert.«
Erneut: Achselzucken.

»Und jetzt?«

»Sie wurden doch vorher über unsere Geschäfts-bedingungen informiert, richtig?«

Vom Kunden: ein Kopfnicken.

»Dann wissen Sie doch, dass eine Rückgabe nicht möglich ist.«

»Das geht doch nicht!«

»Natürlich geht das. Ich würde einfach sagen: Sie haben Pech gehabt. Ich kann daran leider nichts ändern.«

Und so neigt sich eine Stressphase dem Ende zu. Doch der nächste Versteigerungstermin steht schon groß in meinem Kalender. Dann beginnt der Spaß von vorn.

Sie schon wieder?

Tick-tack, tick-tack – wir haben Stammkunden, nach
denen kann ich die Uhr stellen. Die sind jeden Monat
zwischen dem 15. und dem 25. pleite und geben dann
ihr Standardpfand ab. Sobald das nächste Gehalt auf
dem Konto ist, lösen sie es aus. Dieses Spiel wiederholt
sich zwölfmal pro Jahr und ist rein geschäftlich be-
trachtet absolut phantastisch! Aber insgeheim wundere
ich mich natürlich schon, dass diese Menschen den
Besuch im Pfandhaus so fest in ihren Lebensrhythmus
integriert haben wie den morgendlichen Gang ins
Bad.

Nein, die letzte Satzhälfte nehme ich zurück. Denn
das Waschbecken scheinen nicht alle unserer Kunden
mit so steter Regelmäßigkeit zu finden. Ich denke da an
ein spezielles Pärchen, das einen Geruch ins Pfandhaus
trägt, bei dem sich nicht nur meine Nasenhaare kräu-
seln. Beide sind Ende vierzig und figürlich das genaue
Gegenteil von Victoria Beckham. Zusammen schleppen
sie bestimmt 150 Kilo Übergewicht die Stufen zu uns
hinauf – und einen Schweißgeruch, der sich (leider
nicht) gewaschen hat.

Aber das wäre alles nicht so schlimm. Schweiß hin,
Schweiß her – ich mag meine Stammkunden. Weil sie
unsere Arbeit erheblich erleichtern. Sie wissen genau,

wie alles abläuft und was zu tun ist. Das spart jede Menge Zeit und Nerven.

Allerdings nicht bei diesem Gespann. Denn das Paar mit den vielen Kilos und den teelichtdicken Brillengläsern stellt immer dieselben Fragen, obwohl die beiden schon seit Jahren ihre Pfänder zu uns tragen:

»Wie viel bekommen wir?«

»Warum gibt es nicht mehr Geld?«

»Bis wann müssen wir es auslösen?«

Dabei geben die zwei immer dieselben Teile ab, nämlich zehn Schmuckstücke mit einem Wert von je zwanzig bis dreißig Euro. Für jedes müssen wir einen einzelnen Pfandschein ausstellen, damit die Besitzer ihre Juwelen auch nacheinander auslösen können. Das dauert natürlich. Und da das Panzerglas zwischen uns leider keine Gerüche abhalten kann, werden diese Kundengespräche zum echten Martyrium. Den beißenden Schweißgeruch vergisst meine Nase meist erst wieder nach einer durchschlafenen Nacht.

Aber da es bei uns weder eine Kleider- noch eine Geruchs- oder Frageordnung gibt, beiße ich stillschweigend in den sauren Apfel und beantworte ihre Fragen auch noch beim hundersten Mal so freundlich, wie es eben geht. Denn wir pflegen und hegen unsere Stammkunden. Schließlich sorgen sie für kontinuierlichen Umsatz und haben dadurch auch ein gewisses Anrecht auf eine Extrawurst. Im Notfall rücken wir für ein und dasselbe Pfand auch schon mal mehr Geld raus. Bei neuen Gesichtern kommt das natürlich nicht in Frage.

Einen solchen Bonus würde ich auch jederzeit unserer gerissensten Wiederholungstäterin gewähren. Sie ist Ende dreißig und erinnert mich an Sharon Stone in

Basic Instinct: sexy, und dies auf eine höchst elegante Art. Genau wie im Film ist auch diese Dame auf Männerjagd.

Bei diesem Hobby verhält es sich wie beim Fischen: Der Köder muss stimmen. Er muss der Beute schmecken, auf die man es abgesehen hat. Die Zielgruppe der verführerischen Blondine ist ganz eindeutig: Männer mit Kohle. Alter egal, Aussehen auch.

Wie ich darauf komme? Das ist eine simple Schlussfolgerung aus meinen eingehenden Beobachtungen. Unsere Dauerkundin beglückt uns nämlich schon seit 2007 mit ihren Besuchen. Sie besitzt wirklich schönen Schmuck: viele Brillantringe, goldene Armbänder, Colliers mit Smaragden und Rubinen. Sie gibt nie alles auf einmal ab, sondern bringt Stück für Stück vorbei. Nach ein paar Monaten, ganz knapp vor der ersten Ablauffrist, stöckelt sie mit einem Mann im Schlepptau herein – und zwar jedes Mal mit einem neuen. Optische Vorlieben sind dabei nicht zu erkennen. Das Einzige, was diese Kerle gemeinsam haben, ist ihre Männlichkeit – und den prall gefüllten Geldbeutel. Einer beispielsweise war Anfang zwanzig, mit gegeltem Haar und Maßanzug. Ein anderer hatte bereits weiße Locken und stützte sich auf einen Gehstock mit Goldknauf. »Es ist so toll, dass du mir aushilfst«, säuselt sie jedem der Gönner vor dem Auslösen des Pfandes ins Ohr und setzt dabei den dankbaren Klein-Mädchen-Blick auf, den Frauen sich genau für solche Situationen aufheben.

Für die Herren ist der Besuch bei uns meist eine Pfandhaus-Premiere, und sie reagieren alle anders auf die ihnen unbekannte Umgebung. Einer, der einen auffälligen Ehering trug, wollte alles möglichst schnell hinter sich bringen. Er legte fix die abgezählte Auslöse-Summe – stattliche 5200 Euro – auf den Tresen und verschwand zügig wieder mit seiner kostspieligen Affäre im Schlepptau, für die er damit nichtsahnend seine Mission erfüllt hatte.

Ein anderer Lover genoss die Rolle des spendablen Helfers in der Not sichtlich.

»Was kost'n des?«, fragte der Herr im feinen Anzug.

»2300 Euro«, informierte ich ihn.

»Und wegen der paar Groschen gehst du ins Pfandleihhaus?«, wandte er sich schmunzelnd an seine hübsche Begleitung – extralaut, damit alle Anwesenden auch mitbekamen, dass es hier für ihn um Peanuts ging.

Unsere verführerische Stammkundin blickte traurig drein, zuckte mit ihren rehzarten Schultern und hauchte: »Mir blieb ja gar nichts anderes übrig.«

Der Herr griff in seine Hosentasche und holte eine goldene Geldklammer heraus, in der ein dickes Bündel Geldscheine steckte. Lässig ließ er fünf 500-Euro-Scheine über den Tresen fliegen. »Stimmt so.«

»Nein, danke, wir nehmen kein Trinkgeld«, erklärte ich und schob ihm rasch zwei Hunderter zurück.

»Wenn Sie darauf bestehen«, konterte er und zog seine rechte Augenbraue abschätzig nach oben. »Komm, wir gehen.« Er reichte seiner blonden Schönen den Arm, und sie hakte sich sichtlich dankbar bei ihm ein. An diesem Tag durfte er den großen Macker markieren, aber in nur wenigen Wochen würde dieser Herr durch einen neuen Geldgeber ersetzt werden. Denn eines weiß unsere Stammkundin genau: Männer greifen einer Frau gerne unter die Arme. Aber sobald ihre Hilflosigkeit zum Dauerzustand wird, verliert das Ganze seinen Reiz.

Daher sucht sie sich alle paar Monate rechtzeitig einen neuen »Big Spender«, für den die Retterrolle noch ein Aphrodisiakum ist. Er kriegt dadurch seinen Ego-Boost, sie das Geld für neue Klamotten oder die nächste Miete. Und so hat jeder, was er will. Ich bin schon gespannt auf ihren nächsten Fang …

Weitaus ruhiger geht es zu, wenn eine andere Premiumkundin eintritt: eine Chinesin um die sechzig, mit grauem Bob und roter Brille. Ihr großes Laster sind Pferdewetten, wie sie mir einmal hinter vorgehaltener Hand verraten hat. Ein Freund, der sich in diesen Kreisen auskennt, erzählte mir, dass fast alle Asiaten gerne wetten oder um Geld spielen, besonders Damen, die in einem Alter sind, wo neue Schuhe und Outfits langsam uninteressant werden.

Um ihre Spiellust zu finanzieren, lässt unsere Kundin ihren Schmuck beleihen – und davon besitzt sie reichlich: Ketten mit goldenen Buddhas, Jade-Ohrringe oder mit Diamanten verzierte Goldringe. An die fünfzig Teile lässt die Chinesin ständig bei uns. Wöchentlich schaut sie vorbei, um etwas auszulösen oder aber beleihen zu lassen – und das schon seit 2005. Ich glaube, dieser Vorgang ist neben der Spielerei längst zu ihrer zweiten Freizeitbeschäftigung geworden – eine, die für uns äußerst gewinnbringend ist. Denn diese Kundin macht in ihrem Bekanntenkreis fleißig Werbung: Sie bringt immer wieder Freundinnen mit, die ihren Schmuck anschließend auch bei uns deponieren. Diese Mundpropaganda brauchen wir. Sie ist viel wirkungsvoller als jede Zeitungsannonce: Erstens kostet diese Art von Werbung nichts, zweitens schafft sie Vertrauen – und das ist unbezahlbar.

Denn die Menschen sind vorsichtig. Sie prüfen genau, wem sie ihre Wertsachen anvertrauen können und wem nicht. Staatliche Leihhäuser gibt es ja so gut wie keine mehr. Die meisten wurden geschlossen. Nicht, weil die Branche so schlecht läuft, sondern weil die öffentliche Hand generell Schwierigkeiten hat, Unternehmen rentabel zu leiten.

Unser Geschäftsgeheimnis sind zwischenmenschliche Kleinigkeiten. Einige unserer langjährigen Kunden sitzen im Rollstuhl. Da sich unser Pfandhaus im ersten Stock befindet und es keinen Aufzug gibt, rufen sie kurz per Handy an, sobald sie unten stehen. Einer ist Ende zwanzig und taucht ungefähr zweimal pro Monat auf. Obwohl er körperlich gehandicapt ist, gibt sich dieser Junge alles andere als schüchtern. Wenn ich zu ihm runtergehe, um sein Pfand anzunehmen, begrüßt er mich mit einem lässigen »High Five«-Gruß und erzählt von der Party, auf der er gestern war, oder von seiner neuen Freundin.

Größtenteils haben unsere Kunden ein gesundes Selbstvertrauen. Die ganz Verschüchterten trauen sich gar nicht zu uns rein. Und so weiß sich auch unsere älteste Dauerkundin zu helfen. Die 85-Jährige kommt mit ihrem Rollator angezockelt. Wenn sie unten an der Treppe steht, kräht sie, so laut sie kann: »Herr Käfer, ich bin's! Kommen Sie mal runter!«

Dann ist da noch der, den wir heimlich den »Sonnenkönig« nennen. Schon nach den ersten Sommertagen ist sein Körper von einer tiefen Bräune überzogen. An richtig heißen Tagen setzt er auf so wenig Stoff wie möglich: Da schaut er oben ohne vorbei und trägt nicht mehr als kurze Shorts und Badelatschen. Nachdem er ein Pfand abgegeben oder ausgelöst hat, was ungefähr alle zwei Wochen geschieht, radelt er in den Englischen Garten. Dort scheint er seine Tage bis zum Sonnenuntergang zu verbringen. Denn am Ende des Sommers ist der Gute so dunkel wie eine gut eingetragene Ledertasche. Und fast schon beneidenswert entspannt.

Furchtbar hektisch verhält sich dagegen die jüngere Klientel. Zu unserer Stammkundschaft gehören auch viele Studenten, die kurzfristig ihren Laptop abgeben. Einer von denen bekam fast einen Herzkasper. Wie ein Fröschlein sprang er vor dem Tresen auf und ab.

»Passen Sie mir bloß auf, da ist meine Magisterarbeit drauf«, warnte er mich und zeigte auf das Notebook vor sich.

»Haben Sie denn die Daten nicht auf CD gebrannt?«

»Das geht nicht. Das CD-Laufwerk ist kaputt.«

»Und was ist mit einem USB-Stick?«

»Habe ich nicht. Also seien Sie bitte vorsichtig. Die Arbeit hat mich fünf Monate gekostet!«

»Warum geben Sie den Laptop dann überhaupt ab?«

»Mein Mitbewohner macht Ärger, weil ich ihm die Miete für zwei Monate schulde. Und ich habe nichts anderes, was ich zu Geld machen kann. Bitte, bitte, lassen Sie da niemanden ran! Wenn das Dokument gelöscht wird, kann ich mich erschießen!« Seine Finger krallten sich um das Gerät.

»Entspannen Sie sich. Hier klaut keiner Ihre Daten oder löscht sie einfach. Sie bekommen das Gerät genau so zurück, wie Sie es abgegeben haben. Ich stelle es jetzt ins Regal, und da bleibt es, bis Sie es abholen.«

Sobald die Studenten ihre letzte Prüfung bestanden haben, sehen wir die meisten von ihnen nicht wieder.

Einige bleiben jedoch weiterhin unsere Kunden. Ich dachte ja immer, dass mit einem hart erarbeiteten »Dr.« die finanzielle Zukunft gesichert sei. Aber da habe ich mich geirrt. Der beste Beweis dafür sind die vielen Akademikertitel in unserer Kundenkartei.

Während elektronische Pfänder wie Notebooks mit der Zeit an Wert verlieren, ist es bei Gold genau anders herum: Der Preis ist in den letzten Jahren ständig gestiegen. Das heißt natürlich auch, dass ich heute mehr Geld dafür auszahlen kann als früher. Ein Kunde ließ 2002 zum ersten Mal eine Kette bei uns beleihen – damals noch für 1000 Euro. Seitdem gibt er sie regelmäßig bei uns ab. Beim letzten Besuch verkündete ich ihm, dass ich ihm nun 1700 Euro geben könne, weil der Goldpreis so hoch sei.

Da sprang er fast an die Decke vor Freude: »Super! Nehm ich! Nur her damit!«

So ganz konnte ich diese Begeisterung nicht nachvollziehen. Blendete mein Kunde in diesem Moment einfach aus, dass er nun auch fast 70 Prozent mehr zurückzahlen musste und die Beleihungsgebühren dementsprechend höher waren? Wenn er mit einem Pfandkredit von 1000 Euro gerechnet hatte, warum nahm er dann spontan die 1700 an? Wo ist da die Finanzplanung?

Aber das ist wohl eine Frage, die ich meinen Kunden nicht stellen darf. Es gibt auch einige, die in so einem Fall sagen: »1700 brauche ich nicht, geben's mir 900, das reicht.« Die sind allerdings die absolute Ausnahme. Bei denen scheint es tatsächlich so etwas wie eine Finanzplanung zu geben.

Bei einem Stammkunden konnte ich mir den Irrsinn allerdings nicht mehr länger anschauen. Zum zehnten

Mal wollte er eine Kamera verlängern. 150 Euro hatte er vor über drei Jahren dafür bekommen und zahlte seitdem monatlich fünf Euro an Beleihungsgebühren. Die Kosten überschritten längst den eigentlichen Wert des Geräts. Dafür hätte er sich sogar schon einen neuen Fotoapparat kaufen können!

Da der Kerl noch andere Pfänder bei uns hatte und seit Jahren ein treuer Kunde war, erlaubte ich mir eine Bemerkung: »Rechnen Sie doch mal nach. Die Kamera jetzt ein elftes Mal zu verlängern rentiert sich nicht! Lassen Sie sie einfach zur Versteigerung bei uns.«

Mit dieser Aussage handelte ich natürlich gegen meine geschäftlichen Interessen, aber der Mann war mir so sympathisch, dass ich ihm diesen Rat geben *musste*.

Seine Reaktion war anders als erwartet. In einem ärgerlichen, aber kontrolliertem Ton teilte er mir mit: »Herr Käfer, mischen Sie sich bitte nicht in meine Kalkulationen und meine Lebensplanung ein. Ich brauche Ihren Rat nicht – auch wenn er gut gemeint ist.«

Die Kamera liegt folglich noch immer bei uns, und das schon seit 2005. Wenn der Herr wieder zum Verlängern des Vertrags kommt, sage ich nur knapp »Gerne!« und verkneife mir jegliche Kommentare. Inzwischen halte ich mich mit Ratschlägen zurück. Denn irgendwie hat der Mann ja recht: Jeder muss selber wissen, was er tut. Wir sind alle erwachsen.

Gleichwohl gibt es auch erwachsene Kunden, die nicht tun dürfen, was sie wollen. Sie stehen unter Vormundschaft, etwa, weil sie vielleicht nicht mit Geld umgehen können oder dement sind. Allerdings unterrichten uns die Betroffenen beim Abgeben eines Pfandes nicht von diesem Umstand, und so erfahren wir es meist erst durch ein Schreiben des gerichtlich bestimmten Vormundes. Der fordert uns dann auf, ihn über die Wertgegenstände seines Schützlings zu informieren, die sich bei uns befinden. Anschließend holt er sie ab – natürlich kostenlos und ohne die Gebühren begleichen zu müssen.

Denn alle Verträge, die ein unter Vormundschaft stehender Kunde eingeht, sind nicht rechtskräftig. Er wird noch nicht mal zur Rechenschaft gezogen, weil er ja schließlich unmündig ist. Sobald so jemand also sein Pfand von uns zurückerhalten hat, kann er das gleiche Spiel beim nächsten Pfandhaus wieder durchziehen. Vermutlich denkt er sich noch nicht mal was Böses dabei.

Eigentlich wäre es sinnvoll, wenn diese Leute im Personalausweis einen entsprechenden Vermerk hätten. Aber der Gesetzgeber lehnt diese Art der Brandmarkung strikt ab. Natürlich möchte niemand stigmatisiert sein, andererseits wäre es nur eine Vorsichtsmaßnahme, die allen Beteiligten mitunter viel Stress ersparen würde. Für mich ist das eine echte Gesetzeslücke. Aber die wird sich sicher nicht so bald schließen.

Kommen wir nun zu den richtig tragischen Gestalten unter unserer Stammkundschaft: den Abgestürzten. Sie haben mit dem größten aller Existenzvernichter Bekanntschaft gemacht: Alkohol. Das ist kein Klischee, sondern brutale Realität, und es passiert öfter, als man denkt.

Einer meiner Kunden traute sich erst nach Jahren, mir seine Geschichte zu erzählen. Er hatte früher im Vorstand einer Bank gesessen. Doch dann ließ sich seine Frau scheiden, nahm die Kinder mit – und das stieß den Mann in eine solche Krise, dass er zur Flasche griff.

»Von da an lief alles ab wie in einem schlechten Film«, erklärte er mir. »Ich verlor erst den Job, dann das Haus, schließlich die Achtung vor mir selbst.«

Heute lebt er von Hartz IV und bringt nicht viel mehr zustande als zu trinken, zu trinken und wieder zu trinken. Wenn das Geld mal nicht mehr reicht, trägt er seine teure Armbanduhr von Piaget ins Pfandhaus. Sie ist das letzte Überbleibsel aus seinem alten Leben. Wenn der Ex-Banker sie anschaut, kann ich den früheren Unternehmergeist in seinen Augen sehen. »Vielleicht schaffe ich es noch mal«, sagte er eines Tages zu mir. Doch sein Atem verriet mir, dass das unwahrscheinlich ist, solange seine Augen beim Anblick einer Schnapsflasche genauso vorfreudig glänzen wie beim Gedanken ans Karriere-Comeback.

Solche bemitleidenswerten Schicksale können sich überall abspielen, von der Sozialwohnung bis zur Luxusvilla. Zu meinem festen Kundenkreis zählt auch ein vermögendes Ehepaar Ende vierzig aus Münchens Nobelvorort Grünwald. Die beiden kamen mir immer ein bisschen komisch vor. Sie deponierten Diamantringe und Colliers im Wert von bis zu 30 000 Euro bei mir. Seine Hände zitterten beim Herausholen der Pfandscheine, ihr Make-up wirkte wie von Kinderhand aufgetragen: verschmiert, zu stark, gar nicht ladylike.

Die Geschichte dieses Paares erfuhr ich erst von einem Freund der Familie, den ich auf einer Party kennenlernte. »Die sind doch auch Ihre Kunden, oder?«, wollte er wissen.

Ich blieb stumm. Ich darf ihm ja nicht einfach so verraten, wer bei uns ein und aus geht.

Der andere bemerkte mein Unbehagen. »Ja, ja, Sie

müssen gar nichts sagen. Ich weiß es eh aus sicherer Quelle. Wahnsinn, dass die ihr ganzes Erbe versaufen!«

»Ach so?«, fragte ich.

»Die beiden sind stinkreich. Nach dem Tod seiner Großmutter haben sie einen zweistelligen Millionenbetrag geerbt. Pünktlich zum Monatsende zahlt ihnen der Erbverwalter 50 000 Euro aus. Und das ist auch der Grund dafür, dass überhaupt noch was vom Geld da ist.«

Der Mann erzählte, dass die zwei in ihrer feinen Sechs-Zimmer-Villa förmlich vor sich hin vegetierten. »Sie verlassen ihre Festung kaum noch, bestellen Alkohol und Lebensmittel beim Lieferdienst.« Auch teure Antiquitäten, Gemälde und Schmuck ordere das Duo per Telefon – dies manchmal mehr als angeheitert. Und so könne es dann auch passieren, dass selbst dieses monatliche Luxus-Limit aus einer Champagnerlaune heraus gesprengt werde.

Das nennt man dann wohl Wohlstandsverwahrlosung. Wer keine Kohle besitzt, hat es fast einfacher: Er kann seine desolate Lage auf die nicht vorhandenen finanziellen Mittel schieben. »Wenn ich nur genug Geld hätte, dann …« Jemand, der millionenschwer ist und trotzdem seinen Weg im Leben nicht findet, kann hingegen auf keine solche Ausrede zurückgreifen. Er hat alles – und doch nichts. So jemand müsste den Grund für seine Probleme tief in sich drin suchen, aber das wollen die meisten natürlich nicht. Glück und Zufriedenheit kommen nicht vom Geld. Das kann nur einer begreifen, der welches hat – sofern er bereit dazu ist.

Es gibt natürlich Ausnahmen. Ich habe eine Kundin erlebt, die ein Geldregen sehr, sehr glücklich gemacht hat. Die Frau war Ende vierzig und seit dem Jahr 2002 in meiner Kartei. Ihre Haut hatte die Farbe von Pappe, ihre Pullover zierten ständig Flecken – je nach Tageszeit von Kaffee, Marmelade oder Ketchup. Sie gehörte eindeutig zur Kategorie der missmutigen Menschen. Ein Lächeln habe ich bei ihr nie zu sehen bekommen. Diese Dame kam so oft zu uns, dass sie ihren Ausweis nicht mehr vorzeigen musste. Sie gehörte fast schon zum Inventar.

Und wirklich jedes Mal, wenn sie ein Pfand abgab, betonte sie: »Sie wissen ja: Ich erbe einmal sehr viel Geld. Und dann werde ich alle meine Sachen wieder abholen.«

Die Leute erzählen viel, wenn der Tag lang ist, und so vermutete ich auch hinter dieser Geschichte ein Hirngespinst. Aber weil die Frau immer höflich war und alle Pfänder pünktlich auslöste, gewährte ich ihr recht häufig den besagten Stammkunden-Bonus.

Vor einem Jahr kam sie wieder zu uns – und ich habe sie zuerst gar nicht erkannt. Ihre Mundwinkel reckten sich das erste Mal in all den Jahren Richtung Decke, und ihre braunen Augen leuchteten. Die sonst so glanzlosen und strubbelig abstehenden braunen Haare waren zu einem damenhaften Bob geföhnt. Statt dem gewohnten Flecken-Look trug sie einen dunkelblauen Hosenanzug mit einer blütenreinen, weißen Bluse.

»Jetzt ist es so weit«, verkündete sie feierlich.

»Was meinen Sie?«, wollte ich wissen.

»Na, das Erbe! Ich habe es endlich bekommen! Und jetzt möchte ich alles auslösen.«

Ich nahm ihre zwanzig Pfandscheine entgegen und türmte zahlreiche Elektroartikel und Schmuckstücke auf dem Tresen auf. Die 6500 Euro dafür bezahlte sie mit druckfrischen Scheinen.

Bevor sie ging, erklärte meine Ex-Stammkundin: »Herr Käfer, ich möchte mich bei Ihnen für die letzten Jahre bedanken. Aber ganz ehrlich: Ich hoffe, dass sich unsere Wege nie mehr kreuzen.«

Gut gelaunt und schwer bepackt stieg sie die Treppe hinunter. Aus dem Fenster meines Büros konnte ich sehen, wie sie in ein Taxi stieg und davonbrauste.

Ich freute mich für sie, auch wenn ich traurig war, eine Kundin zu verlieren, mit der ich so lange gute Geschäfte gemacht habe. Ich weiß ja nicht, wie viel sie geerbt hat. Aber ich hoffe, sie kann damit so umgehen, dass es bis ans Ende ihres Lebens reicht. Seit ihrem Abschied habe ich sie nicht wiedergesehen. Es scheint also noch Geld da zu sein. Wer weiß, ob und wann sie wiederkommt? Ausgeschlossen ist es nicht.

Zum Schluss: ein Wunsch

Berechnende Männer-Jägerinnen, heimlich verarmte Adlige, diebische Kinder ... Zugegebenermaßen handelt es sich bei diesen Exemplaren um eine Minderheit. Aber die fällt eben auf. Die übrigen neunzig Prozent meiner Kunden sind so dezent, dass ich mich an nichts erinnere, was zwischen »Grüß Gott« und »Servus« zwischen uns passiert ist. Da wird nicht geschimpft, gelacht, geweint oder gedroht. Doch auch, wenn die Paradiesvögel unter den Besuchern nur eine Randgruppe darstellen, ihr Einfluss auf mich ist groß genug.

Inwiefern? Beamte bekommen vielleicht mal einen Bandscheibenvorfall, ich dagegen leide unter einer für meine Branche typischen Berufskrankheit: übertriebene Skepsis. Kein Wunder! Mir wurden von Kunden schon so viele Bären aufgebunden, dass ich ohne weiteres einen Pelzhandel eröffnen könnte.

Dieses potenzierte Misstrauen überträgt sich natürlich aufs Privatleben. Bei einer Party sprach ich mit einem Unternehmer, der mir erzählte, er habe in London eine Charity-Veranstaltung besucht. Ich hörte so lange aufmerksam und interessiert zu, bis mir der Kerl weismachen wollte, er habe dort neben Prinz Charles gesessen und sich köstlich mit ihm unterhalten. »Ein ganz lockerer Typ – so wie du und ich«, trompetete er. Ich verabschiedete mich mit der Ausrede, einen Drink holen zu wollen. Denn das klingt besser als: »Wollen Sie mich verarschen?« Hätte mir dieser Aufschneider erklärt, Prinz Charles sei an dem Abend der Festredner gewesen, hätte ich es glatt geglaubt. Aber bei diesem Adelsmärchen schrillte meine innere Alarmanlage. Hochstapler laufen mir im Job reichlich über den Weg – und auch privat rieche ich sie inzwischen zehn Meilen gegen den Wind.

Allerdings sehe ich diese Berufskrankheit nicht als Laster, sondern als Segen: Meine Wachsamkeit hat mir bis jetzt mehr geholfen als geschadet. Sie bewahrt mich vor vielen Fehlinvestitionen und unnötigen Verlusten. Bares verleihe ich inzwischen nur noch beruflich – das allerdings sehr gerne.

Denn ich weiß aus eigener Erfahrung, wie wichtig meine »Ich stelle keine Fragen«-Kredite sind.

Bei der Bank müssen Bittsteller sich ja fast nackt ausziehen, wenn sie um ein Darlehen kämpfen:

»Sind Sie verheiratet?«

»Wie sieht es mit Ihrer Schufa-Akte aus?«

»Haben Sie ein Haus?«

»Ein Auto?«

»Sonstige Werte?«

Und so weiter.

Man wird gelöchert wie ein Schweizer Käse. Wir im Pfandleihhaus benötigen von unseren Kunden dagegen nur einen Ausweis und ein Pfand.

Wie angenehm das ist, erlebte ich selbst als 18-Jähriger. Gegen den Willen meiner Eltern hatte ich mein Erspartes in eine Yamaha Enduro investiert, die nur wenige Wochen nach dem Kauf an einem Kolbenfresser verreckte. Mein Konto war leer, und sowohl Mutter als auch Vater weigerten sich, die Reparatur zu bezahlen. Also hätte ich sparen und warten müssen. Aber das ging in meinem jugendlichen Alter natürlich gar nicht. Und so trug ich meine Armbanduhr ins Pfandhaus. Schon wenige Tage später brauste ich auf der reparierten Yamaha durch die Gegend und löste einige Monate später auch meine Uhr wieder aus.

Pfandhaus – dieses Wort löst bei mir seitdem nur positive Gefühle aus. Und ich wünsche mir, dass es Ihnen, werter Leser dieses Buches, spätestens jetzt genauso geht.

Vielleicht verschlägt es Sie durch eine Verkettung unglücklicher Umstände ja mal zu mir. Nicht dass ich es Ihnen wünsche. Aber falls es doch mal sein sollte – Sie wissen ja, wo Sie mich finden.

10 Tipps für den Gang ins Pfandhaus

1. Wir sind keine Sammler, sondern Pfandleiher. An Sachen, die im Museum für Völkerkunde oder auf dem Flohmarkt besser aufgehoben wären, haben wir kein Interesse. Am meisten Geld gibt es bei uns für Gold.
2. Um einen Pfandschein ausstellen zu können, brauchen wir einen gültigen Pass oder Personalausweis – keine verwitterte Kopie, keinen Schülerausweis und auch keine Fitnessstudio-Mitgliedskarte.
3. Wer etwas abgeben will, muss volljährig sein. Und zwar nicht erst in drei Wochen, liebe Siebzehnjährige!!!
4. Tischen Sie keine Münchhausen-Geschichten über schwere Krankheiten oder klauende Geschäftspartner auf. Je absurder Ihre Erzählungen, desto geringer sind Ihre Verhandlungschancen. Ehrlichkeit währt auch im Pfandleihhaus am längsten.
5. »Ich hol's ganz sicher nächste Woche wieder ab.« Gegen diesen Satz sind Pfandleiher allergisch. Denn Kunden, die das sagen, kommen in der Regel nie mehr wieder.

6. Das Pfandleihhaus ist keine benimmfreie Zone. Wir haben Namen, und die lauten nicht »Blödmann« oder »Arschloch«. Bei leichten Aggressionen einfach zehnmal tief ein- und wieder ausatmen – und erst dann reinkommen.

7. Als Pfandleiher gehen wir mit der Lupe ganz nah ran an Schmuck. Daher bitte Ohrringe, Uhren und Intimschmuck schon daheim entfernen und kurz säubern. Danke.

8. »Aber zu Hause hat es noch funktioniert!« Das reicht nicht. Alle Geräte müssen bei Abgabe vor unseren Augen einwandfrei laufen.

9. Nur für den Fall, dass Ihr Notebook oder Handy wider Erwarten doch versteigert werden muss: Unbedingt vorher alle privaten Daten und unter vollem Körpereinsatz gedrehte Filmchen löschen!

10. Passen Sie auf, was Ihre bessere Hälfte ins Pfandhaus trägt. Wir haben schon viele Verlobungsringe als unecht entlarvt – und auf diese Weise ungewollt einige Hochzeiten vereitelt.

Danksagung

Ich möchte allen meinen Mitarbeitern danken. Nur durch ihre Zuverlässigkeit und Motivation ist ein langfristiger Erfolg in einer so kurzlebigen Zeit möglich. Und natürlich will ich auch den Tausenden Kunden einen Dank aussprechen, die uns besucht haben. Ich bin zwar der Motor dieses Ladens. Aber sie sind der Sprit, ohne den nichts läuft. Sie sind die Voraussetzung für alles.

Warum Langschläfer die besseren Menschen sind

Bettina Hennig

DER FRÜHE VOGEL KANN MICH MAL!

Ein Lob der Langschläfer

ISBN 978-3-548-37353-9
www.ullstein-buchverlage.de

Drehen Sie sich morgens gern noch mal im Bett um, statt jauchzend unter die Dusche zu springen? Laufen Sie erst nachmittags zur Höchstform auf? Dann gehören Sie zu den »Eulen« – den Langschläfern, die seit jeher von den frühaktiven »Lerchen« tyrannisiert werden: mit morgendlichen Sprech- und Arbeitszeiten, grausam-fröhlichen Frühstückssendungen und Prüfungen in aller Herrgottsfrüh. Es reicht! Bettina Hennig zeigt, warum Eulen die besseren und netteren, da ausgeschlafeneren Menschen sind und man so lange im Bett bleiben sollte, wie man will!

ullstein

US354

Werner Bareis / Niels Nauhauser

Lexikon der Finanzirrtümer

Teure Fehler und wie man sie vermeidet

ISBN 978-3-548-37304-1
www.ullstein-buchverlage.de

Schützen Garantiefonds vor Verlusten? Ist die Riester-Rente immer die beste Wahl? Gerade in Finanzfragen sollte man sich nicht auf scheinbar allgemeingültige Faustregeln und todsichere Insidertipps verlassen. Die Finanzexperten Werner Bareis und Niels Nauhauser räumen auf mit populären Irrtümern rund ums Geld und schärfen den kritischen Blick des Verbrauchers. Dieses Buch spart bares Geld!

»Der neue Goldstandard für Finanzratgeber – umfassend, gut lesbar und sehr nützlich.« *Prof. Max Otte, Finanzexperte, Autor von* Der Crash kommt

US325

Ralf Höcker · Carsten Brennecke

Lexikon der kuriosen Rechtsfälle

Sextraining, Waldverbot und andere Absurditäten
aus deutschen Gerichtssälen

ISBN 978-3-548-36929-7
www.ullstein-buchverlage.de

Es ist kaum zu glauben, mit welchen Begehren sich
deutsche Richter auseinandersetzen müssen. Zum Beispiel mit Klagen auf Durchsetzung einer Forderung von
66 Cent oder gegen schnarchende Sitznachbarn im
Flugzeug. Bemerkenswert auch, zu welch kuriosen Urteilen sich Gerichte hinreißen lassen. So gilt es als Ar-
beitsunfall, wenn man schlafend vom Bürostuhl kippt.
Und wer im Wald zu laut ist, bekommt ein »Waldverbot«
verordnet. Bestsellerautor Ralf Höcker und Carsten
Brennecke beschreiben die spektakulärsten Auswüchse
des deutschen Klagewahnsinns und die abstrusesten
Urteile, die daraus resultieren.

ullstein

US263